ammann

Marcel Reich-Ranicki

Wolfgang Koeppen

Aufsätze und Reden

Mit Fotografien von
Isolde Ohlbaum

Ammann Verlag

1. Auflage
© 1996 by Ammann Verlag & Co., Zürich
Alle Rechte vorbehalten
© der Fotografien: Isolde Ohlbaum, München
Umschlaggestaltung: Nina Rothfos, unter
Verwendung einer Fotografie von Isolde Ohlbaum
Satz: Gaby Michel, Gießen
Druck: Franz Spiegel Buch GmbH, Ulm
ISBN 3-250-10325-X

Für Rachel Salamander und Stephan Sattler

Leben ist nur ein wandelnd Schattenbild;
Ein armer Komödiant, der spreizt und knirscht
Sein Stündchen auf der Bühn', und dann nicht mehr
Vernommen wird: ein Märchen ist's, erzählt
Von einem Dummkopf, voller Klang und Wut,
Das nichts bedeutet.

Shakespeare, Macbeth

Wir sind von Anbeginn verurteilt.

Wolfgang Koeppen, Jugend

INHALT

EIN UNGEWÖHNLICHER FALL

Das literarische Talent ist nicht eine wunderliche Pflanze, die plötzlich aus geheimnisvollen Gründen erblüht, später aus ebenso unerklärlichen Gründen verdorrt und sich nach einiger Zeit höchst unerwartet abermals entfaltet. Wie alle Menschen ist natürlich auch der Schriftsteller den Einflüssen einer Umwelt ausgesetzt. Hierbei haben wir es – abgesehen von den ästhetischen, philosophischen und literarischen Einflüssen – vor allem mit zwei verschiedenen, wenn auch keineswegs voneinander unabhängigen Formen der Einwirkung zu tun.

Einerseits sind die allgemeinen gesellschaftlichen, politischen, historischen und kulturpolitischen Verhältnisse Faktoren, die den Entwicklungsweg eines jeden Schriftstellers auf mehr oder weniger sichtbare Weise erleichtern oder erschweren, beschleunigen oder hemmen, in diese oder jene Richtung drängen. Andererseits übt die unmittelbare Reaktion auf das Werk eines Schriftstellers – Publikumserfolg, Pressekritik, Literaturpreise und so weiter – einen gewissen Einfluß auf seine weiteren Bemühungen aus, und zwar nicht nur auf die Wahl der Stoffe und Probleme, sondern, in vielen Fällen, auch der Formen und Stile. Diese unmittelbare Reaktion tritt übrigens immer ein, sie ist also, paradox ausgedrückt, auch dann vorhanden, wenn sie nicht vorhanden ist – etwa wenn Publikum und Presse ein Buch gänzlich ignorieren. Nichts klingt in den Ohren des Autors so schrill wie das Schweigen der Kritik; kein Echo ist auch ein Echo.

Nun üben die allgemeinen zeitgeschichtlichen Verhältnisse auf die unmittelbare Reaktion, die einem literarischen Werk zukommt, einen starken, mitunter sogar entscheidenden Druck aus. Oft ist also der Rezensent – um ein Wort von Virginia Woolf zu zitieren – »ein hinundhergerissener Lappen am Schwanz des politischen Papierdrachens«[1]; bisweilen sind die Juroren nur Sprecher bestimmter Organisationen und Interessengemeinschaften; häufig muß der Publikumserfolg auf außerliterarische Umstände zurückgeführt werden. Trotzdem ist es nützlich und notwendig, zwischen diesen beiden Faktoren, die auf das Werk eines Schriftstellers einwirken, genau zu unterscheiden: Während es sich nämlich im ersten Fall um den großen Hintergrund handelt, der allen Zeitgenossen in einem Land mehr oder weniger gemeinsam ist, handelt es sich im zweiten Fall um Phänomene, die durch eine individuelle Leistung ausgelöst werden und sich vornehmlich innerhalb des literarischen Lebens abspielen.

So erschreckend die Vereinfachungen mancher marxistischer Kritiker sind, zu denen sie die Versuche geführt haben, einen unmittelbaren Kausalzusammenhang zwischen den gesellschaftlich-politischen Verhältnissen, der Lebensgeschichte des Dichters und dem Werk zu konstruieren, so wenig es möglich ist, ein Kunstwerk gänzlich aus dem zeitgeschichtlichen Hintergrund abzuleiten, sosehr kann erst die Berücksichtigung dieses Hintergrundes den Entwicklungsweg eines Schriftstellers mit den vielen oft überraschenden Höhe- und Tiefpunkten und Unterbrechungen verständlich machen – zumal in unserer, leider, so bewegten Zeit.

Und so wenig sich ein Schriftsteller, dem ein Buch mißlungen ist, mit dem Hinweis auf seine Kritiker rechtfertigen darf, so leichtsinnig wäre es, den Einfluß der Kritik und den anderer Formen der unmittelbaren Reaktion auf ein literarisches Werk zu unterschätzen oder gar zu ignorieren. Es ist bekannt – um nur einen Fall zu erwähnen –, daß Tennyson seine Gedichte auf Wunsch der Kritiker abänderte und, wie einer seiner Biographen behauptet, durch die Feindseligkeit von Rezensenten in solche Verzweiflung geriet, daß sein Geisteszustand und damit sein Dichten volle zehn Jahre verändert blieben. Man könnte aus der gesamten Literaturgeschichte der Neuzeit zahllose weitere, wenn auch meist weniger radikale Beispiele anführen, die immer wieder beweisen: Wer schreibt, will ein Echo hören und lauscht dem Echo sehr aufmerksam selbst dann, wenn er – wie Dickens – die Kritiker für Läuse hält, für »elende Geschöpfe in Menschengestalt, aber mit Teufelsherzen«[2].

Die Kritik wirkt, wenn sie redet, und sie wirkt, wenn sie schweigt. Sie belehrt und erzieht, verführt und demoralisiert den Schriftsteller auch dann, wenn sie sich nur an das Publikum wendet oder wenn er entschlossen ist, sich ihrem Einfluß zu entziehen. Somit ist die Kritik mitverantwortlich für die Literatur des Landes (oder

Sprachraums) – selbst wenn, wie in der Bundesrepublik, die Kritiker Einzelgänger bleiben, von denen jeder für sich allein das Risiko der kritischen Existenz tragen muß. Wie stark der Einfluß sein kann, den auf die Entwicklung eines Schriftstellers sowohl die allgemeinen gesellschaftlich-politischen Verhältnisse ausüben als auch das unmittelbare Echo auf sein Werk, wird mit besonderer Deutlichkeit am Weg des Wolfgang Koeppen sichtbar. –

Koeppen, Jahrgang 1906, ist Verfasser von fünf Romanen, die jedoch in zwei Zeitabschnitten von insgesamt nur sechs Jahren veröffentlicht und auch etwa in derselben Zeit geschrieben wurden. Diese erstaunliche Eigentümlichkeit einer schriftstellerischen Biographie wird weniger geheimnisvoll, nachdem man einen Blick auf die Daten geworfen hat.

Der erste dieser beiden Abschnitte fiel auf die ersten Jahre der nationalsozialistischen Herrschaft. Der Roman *Eine unglückliche Liebe*, 1934 erschienen, ist bereits ein episches Bekenntnis, dessen unheimliche Leidenschaft die offensichtlichen Schwächen in den Hintergrund treten läßt. Vergeblich wird man in diesem Buch die Spuren auch nur der geringsten Konzessionen gegenüber den damaligen Machthabern suchen. Im Gegenteil: Die *Unglückliche Liebe* zeugt eher von der Isolation und Resignation des Künstlers im neuen Reich. Noch war der Roman von dem jüdischen Verlag Bruno Cassirer ediert worden, noch gab es das *Berliner Tageblatt*, in dem Herbert Ihering die *Unglückliche Liebe* als »das Versprechen eines Dichters« und »ein herrliches

Buch« rühmte, noch konnte Erich Franzen den Roman in der *Frankfurter Zeitung* besprechen.[3] Kurz nach Erscheinen der *Unglücklichen Liebe* wurde der Verlag liquidiert – und somit verschwand auch der Erstling trotz mehrerer wohlwollender und sogar enthusiastischer Rezensionen.

1935 folgte der Roman *Die Mauer schwankt,* in dessen Mittelpunkt abermals Resignationsmotive stehen. Der junge Koeppen mußte sich nun, wie jeder in Deutschland verbliebene Schriftsteller, entscheiden: Er konnte sich entweder mit den Machthabern arrangieren oder sich zurückziehen oder einen Kompromiß zwischen Anpassung und Ablehnung suchen. Er beschloß, sich zurückzuziehen: Er hörte also auf, Bücher zu schreiben. Der Druck der gesellschaftlich-politischen Verhältnisse hatten den kaum begonnenen Weg eines jungen Schriftstellers jäh unterbrochen.

Die nächsten Bücher Koeppens – die Romane *Tauben im Gras, Das Treibhaus* und *Der Tod in Rom* – stammen aus den Jahren 1951 bis 1954. In einer Zeit, in der die meisten deutschen Nachkriegsautoren noch im Banne Hemingways standen, griff Koeppen zu anderen angelsächsischen Vorbildern: von Joyce bis Faulkner. In einer Zeit, in der noch das Kriegserlebnis die Thematik beherrschte, attackierte Koeppen in den *Tauben im Gras* die bundesrepublikanische Welt, in deren Leben er bereits – man schrieb das Jahr 1951 – jene Kennzeichen entdeckte, die erst mehrere Jahre später deutlich sichtbar werden sollten.

Die Kritik reagierte auf dieses Buch zwar mit Anerkennung, aber doch mit Befremden – alles war in den *Tauben im Gras* ungewöhnlich: die Technik, die sprachliche Kraft und nicht zuletzt die Aggressivität der gesellschaftskritischen Anklage. Charakteristisch ist die Rezension des *Monat,* der Koeppen vorwirft, er habe »die Düsternis unserer Zeit zum ausschließlichen Ausgangspunkt gemacht«. Und: »Weil dieses Buch sich fast ausschließlich im Morbiden, im Sumpfe tummelt... darum auch mangelt es ihm an dem Atem, der an Überzeugungskraft...«[4]

Vielleicht kann man erst aus der heutigen Perspektive die beklemmende Hellsicht dieses Romans ermessen, in dem manche Abschnitte 1961 und nicht 1951 geschrieben zu sein scheinen. Und vielleicht vermochte Koeppen die Zeitatmosphäre deswegen so scharf einzufangen, weil er kühn genug war, eben »die Düsternis unserer Zeit zum ausschließlichen Ausgangspunkt« zu machen. Immerhin war den *Tauben im Gras* – im Unterschied zu den anderen Romanen – ein gewisser Erfolg beschieden. *Die Welt* meinte (allerdings erst 1953): »Wenn es hierzulande mit rechten Dingen zuginge, würde dieser Roman wie ein Fanfarenstoß wirken.«

Auch *Das Treibhaus*, in dessen Mittelpunkt ein Mann steht, der 1933 emigrierte, 1945 zurückkehrte, 1949 in den Bundestag gewählt wurde und 1952 Selbstmord beging, wirkte keineswegs wie ein Fanfarenstoß. Die meisten Rezensenten schrieben – sofern sie sich überhaupt äußerten – kühl oder geradezu feindlich. Da es aber in der Bundesrepublik, wie gesagt, keine Kritik, sondern nur einzelne Kritiker gibt, war die einzige enthusiastische Besprechung dieses ungewöhnlich heftigen Bonn-Romans just in der *Frankfurter Allgemeinen Zeitung* zu lesen, in der Karl Korn schrieb: »Die Radikalität Koeppens schient mir aus einem tiefen Leiden an der deutschen Gegenwart zu kommen... *Das Treibhaus* ist eine Klasse Literatur, wie sie nur selten erreicht wird.«[5]

Wurde die Bedeutung des *Treibhaus* – von Korns Besprechung abgesehen – zumindest unterschätzt, so scheint *Der Tod in Rom* gänzlich verkannt worden zu sein. Ein Teil der Presse ignorierte das Buch, der Rest sah in ihm lediglich einen gegen Faschismus, Neofaschismus und die Wirtschaftswunderwelt gerichteten politischen Zeitroman, dessen Aggressivität von manchen Rezensenten als höchst überflüssig empfunden wurde. In der *Zeit* beispielsweise wurde *Der Tod in Rom* als ein »Zerrspiegel« der deutschen Wirklichkeit entschieden abgelehnt.[6] Zunächst einmal: Jeder satirische Roman ist seinem Wesen nach ein Zerrspiegel. Überdies konnte man sich schon wenige Jahre nach Erscheinen dieses Buches davon überzeugen, daß Koeppens Visionen nicht aus der Luft gegriffen waren. Und gerade *Der Tod in Rom* ist weit mehr als nur eine gesellschaftskritische Auseinandersetzung mit der Gegenwart.

Jeder der drei Romane dieser Periode wurde zunächst einmal vom Willen einer unerbittlichen Zeitanalyse getragen, jeder zeichnete sich durch eine moralische Leidenschaft und elegische Tonart aus, ein Verantwortungsgefühl und einen bitteren Ernst, die allen Vorwürfen, es handle sich um extravagante Spielereien mit dem Bösen und dem Düsteren, eigentlich den Boden

entziehen sollten. Zugleich müssen diese drei Romane –
trotz vieler Schwächen, die keinesfalls geleugnet werden sollen – als künstlerische Leistungen angesehen
werden, die allem Konventionellen weit entrückt sind
und denen zumindest auf dem Hintergrund der Literatur zwischen 1950 und 1960 außerordentliche Bedeutung zukommt: Es gibt in der deutschen Prosa dieser
Zeit nur sehr wenig, was man Koeppen an die Seite stellen könnte.

Es erwies sich also, daß die bundesrepublikanische
Öffentlichkeit für Koeppens epische Formulierungen
anstößiger Wahrheiten zunächst wenig und später
überhaupt kein Verständnis hatte. Keiner der drei Romane wurde zu einem Verkaufserfolg, keiner erhielt einen Preis, kein Taschenbuchverlag interessierte sich für
Tod in Rom. Daß derartige Umstände zu einer Krise geführt haben, ist nicht verwunderlich. Niemand hat das
Recht, Koeppen vorzuhalten, er hätte weiterhin gegen
den Strom schwimmen sollen. Vielleicht hat er es versucht, wir wissen es nicht. Auch der Hinweis, andere
Schriftsteller, deren Ansichten nicht weniger radikal
sind – beispielsweise Böll –, hätten die Waffen keineswegs gestreckt, sondern die Intensität der Auseinandersetzung mit der deutschen Gegenwart noch gesteigert
(Billard um halbzehn), ist in diesem Zusammenhang
wohl irrelevant. Für Koeppen gab es allem Anschein
nach nur noch die Möglichkeit, sich anzupassen oder
sich zurückzuziehen oder einen Kompromiß zwischen
diesen beiden Haltungen zu suchen. Daß er sich Mitte
der fünfziger Jahre vor eine Entscheidung gestellt sah,

die derjenigen nicht unähnlich war, die er Mitte der
dreißiger Jahre treffen mußte, darf man wohl als ein be-
schämendes Symptom des literarischen Lebens in der
Bundesrepublik werten.

Wie dem auch sei: Einige Jahre lang erschien – abgesehen von Pressebeiträgen – nichts von Koeppen.
Sein nächstes Buch – *Nach Rußland und anderswohin*
(1958) – enthält Reiseberichte, die ursprünglich für den
Rundfunk geschrieben waren. Fast die gesamte bundesrepublikanische Presse begrüßte diesen Band mit einer
ebenso erfreulichen wie nachdenklich stimmenden Begeisterung und Einmütigkeit. Vor allem der sprachliche
Glanz der virtuos geschriebenen, ungemein fesselnden
Impressionen aus Ost und West wurde mit Recht immer wieder gerühmt. Walter Jens stellte in der *Zeit* fest,
Koeppen sei »neben Max Frisch gegenwärtig der bril-
lanteste Stilist deutscher Sprache«. Und Hans Magnus
Enzensberger meinte in den *Neuen Deutschen Heften*:
»Die Prosa des Romanciers Koeppen ist die zarteste und
biegsamste, die unsere verarmte Literatur in diesem
Augenblick besitzt.«[7]

Dieses zweifellos wertvolle Nebenwerk, das in der
Folge einer langjährigen Krise entstanden war, zeugt
zwar nicht von Anpassung, aber doch vom Kompromiß,
von einem Rückzug ins Unverbindliche. So wurde die
Begeisterung mancher Kritiker – gewiß nicht die von
Jens oder von Enzensberger – allmählich etwas ver-
dächtig: Man hat den Eindruck, daß Koeppen nicht nur
dafür gelobt wurde, was er geschrieben hatte, sondern
auch dafür, was er zu schreiben unterließ. Manche

glaubten, seine Reportagen gegen seine Romane aus-
spielen zu müssen. In der *Frankfurter Allgemeinen Zeitung* diagnostizierte Karl Korn in der Besprechung des
Reisebuchs: »Geistig und politisch bedeutet es für den
Autor und vielleicht für die Lage der Intelligenz überhaupt eine symptomatische Wendung. Der Koeppen, der
das *Treibhaus* schrieb ... ist in dem Reisebuch kaum
noch wiederzuerkennen. Er ist mild geworden und
scheint sich, was den politischen Anspruch des Intellektuellen angeht, zu den Entsagenden geschlagen zu haben.« Diese Entwicklung schien Korn damals (1958)
eher zu billigen als zu bedauern, denn er bezeichnete
den Band *Nach Rußland und anderswohin* ausdrücklich
als »bisher reifste Leistung Koeppens«.[8]

1959 folgte wiederum ein Reisebericht *(Amerikafahrt)*, der abermals von der Kritik freudig begrüßt
wurde. Der Seitensprung des Romanciers erwies sich
als Seitenpfad. Oder als Irrweg? Im Frühjahr 1960
konnte man in der *Zeit* ein Koeppen-Porträt lesen, in
dem eben die Reportagen als Höhepunkte seiner Entwicklung gefeiert wurden. Nun ist der dritte Band erschienen: *Reisen nach Frankreich*. Gleich am Anfang
heißt es: »Ich träumte von Frankreich, von einem lieb-
lichen Garten von Daseinsheiterkeit, von Lebenssüße
und etwas freundlicher Frivolität.«

Doch nicht ein Traum scheint Koeppen diesmal nach
Frankreich getrieben zu haben, sondern der Auftrag
des Rundfunks oder des Verlags. Er fährt also von Stadt
zu Stadt, absolviert gewissenhaft ein nicht geringes
Pflichtpensum und bietet eine Fülle von Mitteilungen,

deren Notwendigkeit allerdings in den meisten Fällen nicht einleuchten will. So kann man beispielsweise erfahren, daß im Ort A. die Kellnerin freundlich, das Essen mittelmäßig und der Wein schlecht waren. Im Ort B. hingegen war der Kellner mürrisch, das Essen gut und der Wein mittelmäßig. Auf Seite 151 lesen wir: »Am Morgen regnete es. Tréport war dunkelgrau, war still und war schön. Am Wasser kreischten die Möwen. Vor der städtischen Fischhalle warteten die Fischfrauen. Grüne Kacheln, Kälte, Wind, Regenschauer, rote Arme. Die Fischer saßen alle in derselben Kneipe.« Auf der nächsten Seite sind wir in Dieppe: »Der Platz ist menschenfreundlich. Man kann vor dem Café die frischen Austern probieren, ein Glas trockenen Weißwein trinken, die See riechen, den Fischhandel studieren, den Dampfer nach New Haven ablegen sehen.« Na und? – möchte man fragen. Auf derselben Seite heißt es: »Das Hotel, von einer Dame geleitet, mit wenig Personal unterhalten, hat saubere, nicht große, aber angenehme und zweckmäßige Zimmer. Die Technik ist durchdacht und funktioniert. Der Fahrstuhl trägt in den gewünschten Stock, das Wasser läuft heiß aus dem Warmwasserhahn, das Telephon verbindet mit der gewählten Nummer, und am Bett hängt eine praktische Lampe, die sogar zu lesen erlaubt.« Solche Informationen wären vielleicht für künftige Dieppe-Besucher nützlich, hätte der Verfasser verraten, wie das Hotel heißt.

Gewiß kann man in diesem Band auch farbige Impressionen und geschickte Momentaufnahmen finden. Aber im Grunde enthält er nicht viel mehr als Material zu einem Frankreich-Buch. Dennoch haben wir es nicht etwa mit einem schlechten Reisebericht zu tun (er ist trotz allem immer noch weit besser als die meisten Reportagen), sondern mit einem ungewöhnlich schwachen Koeppen-Buch. Und dies scheint insofern wichtig zu sein, als der neue Band das folgerichtige Ergebnis einer bedauerlichen Entwicklung ist.

Durch die Verhältnisse in der Bundesrepublik und durch die unmittelbare Reaktion auf seine Bücher wurde der Romancier Koeppen von seiner eigentlichen Aufgabe weggedrängt. Die Reisebücher wurden zur Ausweichmöglichkeit. Der Seitenpfad des Romanciers, in dem manche unbedingt einen neuen und höchst erfreulichen Hauptweg sehen wollten, hat sich als eine Sackgasse erwiesen. Damit ist wohl nach den beiden vorher erwähnten Zeitabschnitten (1934 bis 1935 und 1951 bis 1954) auch der dritte, die Jahre 1958 bis 1961 umfassende, Abschnitt des erstaunlich übersichtlichen Werks von Koeppen beendet. Was wird folgen?

1961

DER POET ALS ZEUGE

Friedrich, ein junger Mann, liebt leidenschaftlich, aber, allem Anschein nach, auch hoffnungslos eine Schauspielerin namens Sibylle. Immerhin erreicht er es, daß sie sich zu einer gemeinsamen Italienreise bereit findet. Sie kommt jedoch nicht zum Bahnhof, sondern schickt ihm im letzten Augenblick eine Stellvertreterin. Er ist verblüfft und enttäuscht, allein, er akzeptiert die neue Partnerin ohne Widerspruch. Wenig später kreuzt Sibylle, nicht zufällig, Friedrichs Weg in Venedig. Es wird wiederum für beide eine Begegnung ohne Erfüllung.

Diese Geschichte erzählt Wolfgang Koeppen in dem Roman *Eine unglückliche Liebe* (1934). Das Buch, mit dem der Achtundzwanzigjährige seine literarische Laufbahn begann, nimmt schon einige entscheidende Motive seines späteren Werkes vorweg: Ungeachtet aller Makel und Schwächen, trägt der Erstling bereits die Merkmale des reifen Koeppen.

Über die Liebe Friedrichs zu Sibylle und zugleich über die Gründe, die sie veranlassen, sich ihm hartnäckig zu verweigern, obwohl sie doch offensichtlich seine Gefühle erwidert, heißt es: »Einmal nur mit den Sinnen eindringen in die Wege ihres Hirns! Das mußte der Schlüssel sein. Er litt unter ganz genauen Vorstellungen... Er sah, wie sein Denken aus seinem Kopf heraus in ihren überstieg... Es war ein Abtasten der feinsten Nerven ihres Wesens. Er wollte sie ergründen...

Es war ein Verbrechen, das tun zu können er sich wünschte; das schlimmste Verbrechen überhaupt: Einbruch in die Seele... Er konnte von dieser Begierde, so mit ihr zu fühlen, nicht lassen. Er dachte also nur an sich, an sein Glück, wie sie es sagte. Vielleicht war dieses Denken, dieser tolle Besitzwunsch, der über jedes körperliche Erfassen weit hinaus ging, die Ursache, daß sie ihr Leben seinem Anspruch versagte, weil sein Verlangen zu tief und zu unheimlich war und Schauder über dem Rücken erzeugte.«

Mehr als nur die gegenseitige Beziehung von zwei Romangestalten scheint hier der Anfänger angedeutet zu haben. Denn jener »tolle Besitzwunsch«, den der Bewunderer Sibylles hegt, ist charakteristisch für das Verhältnis des Schriftstellers Koeppen zum Leben. In einer autobiographischen Skizze gesteht er: »Ich umarmte die Erde und empfand sie als einen Ball, der mich in rasender Fahrt durch ein unheimliches Universum trug.«[1] Seine Jugendzeit meint Koeppen mit dieser Bemerkung. Aber sie darf wohl auch auf den Autor der fünfziger Jahre bezogen werden.

Mit allen Sinnen will er das Dasein spüren, erfassen und ergründen. Ein hungriger und nimmersatter, ein gieriger Beobachter seiner Umwelt ist er bis heute geblieben. Alles möchte er sehen und hören, riechen und schmecken, berühren und begreifen. Seine Bücher strotzen von Licht, Schatten und Farbe, von Klängen, Lauten und Tönen, von Düften und Gerüchen, ihnen haftet das Aroma des Lebens an. Er ist der sinnlichste deutsche Prosaist unserer Zeit. Mit einer fast wollüsti-

gen Leidenschaft versucht er, in die Gehirnwindungen
seiner Gestalten einzudringen. Wie Friedrich aus der
Unglücklichen Liebe wünscht er, in die Seele des Mit-
menschen einzubrechen.

Aber wie Sibylle befürchtet er, daß »sein Verlangen zu
tief und zu unheimlich« sei. Ein Verbrechen gar scheint
es ihm zu sein – und doch kann er vor der Begierde, von
diesem »tollen Besitzwunsch« nicht lassen. Hier stecken
vielleicht die Wurzeln der Antinomie, eines Grundzugs
seines Wesens. Gierig und schüchtern zugleich, heraus-
fordernd und demütig, schamlos und schamhaft ist dieser Künstler. Daher wirkt seine epische Welt häufig
widerspruchsvoll, daher haftet seiner Sicht fast immer
etwas Beklemmendes an: Er umarmt das Leben, obwohl er es als »unheimlich« empfindet.

Bereits im Erstling stattet er seine Gestalten mit sehr
menschlichen Leidenschaften und Schwächen aus –
und doch hat man den Eindruck, als stünden sie an der
Grenze des Irrealen. Den jungen Friedrich nennt er »einen Amokläufer der Liebe«. Die meisten Helden Koeppens sind Amokläufer – der Liebe, der Kunst, der Moral,
der Politik, des Unglücks, des Frevels. Von Friedrich
heißt es: »Die Welt stand wieder gegen ihn auf. Es war
ohne Sinn und Verstand und nie zu begreifen.« Die Cha-
raktere, die Konflikte, die Milieus werden sich in den
Romanen Koeppens ändern, immer aber sehen sich
seine Helden von einer feindlichen Welt umgeben.
Meist glauben sie, das Leben habe sie besiegt, und neigen daher zur Schwermut. Es sind melancholische
Amokläufer.

Der schwermütig-elegische Grundton ist in allem hörbar, was Koeppen schrieb: in den Romanen, in den Reisebüchern, in den Aufsätzen. Und so wie Koeppens Helden nicht imstande sind, die Welt zu begreifen, so können sie auch nicht zueinander kommen. Über Sibylle und Friedrich erfahren wir schließlich:»Sie wußten, daß nichts sich geändert hatte und daß die Wand aus dünnstem Glas, durchsichtig wie die Luft und vielleicht noch schärfer die Erscheinung des anderen wiedergebend, zwischen ihnen bestehen blieb.« Entsagend hatte sich Friedrich mit der Stellvertreterin abgefunden, die ihm zum Bahnhof geschickt wurde. Entsagend finden sich Friedrich und Sibylle mit jener »Wand aus dünnstem Glas« ab, die sie zwischen sich sehen:»Es war dies eine Grenze, die sie nun respektierten.«

So ist die *Unglückliche Liebe* letztlich ein Buch der Resignation. Das gilt auch für die späteren Romane Koeppens. Nur daß er in den fünfziger Jahren zu einem Dichter der aggressiven Resignation werden sollte. Von der hoffnungslosen Vereinsamung des Individuums, von der tragischen Vereinzelung des Menschen wird in dem Erstling erzählt. Der Anfänger hatte einen Roman der »Kontaktlosigkeit« geschrieben – lange bevor dieser so technisch anmutende Begriff geprägt und zugleich mißbraucht wurde. Alle Romane Koeppens kreisen um dieses Thema – auch das nächste Buch *Die Mauer schwankt* (1935), das inzwischen ganz vergessen wurde, jedoch für die Beurteilung seiner Entwicklung von größter Bedeutung ist.

Die *Unglückliche Liebe* spielt sich wohl Anfang der

dreißiger Jahre ab. Aber alles, was in diesem Roman erzählt wird, könnte ebensogut hundert oder zweihundert
Jahre früher geschehen sein. Ort der Handlung ist vornehmlich eine »große Fremdenstadt am See«, die an
Zürich erinnert. Aber es könnte auch jede andere eu-
ropäische Großstadt sein. Denn nicht um die Darstellung einer realen Welt war der junge Koeppen bemüht,
sondern um ein autonomes poetisches Universum, in
dessen eigentümlichem Klima die Leidenschaften und
Hemmungen seiner Gestalten besonders deutlich her-
vortreten sollten. Die besten Kapitel des Romans boten
tatsächlich die wohl angestrebte überscharfe und über-
helle Traumlandschaft, andere jedoch nur einen luft-
leeren Raum, in dem sich die Gefühle, Komplexe und
Aktionen der Helden nicht mehr beglaubigen ließen.

In der *Mauer* hingegen entscheidet sich Koeppen für
eine durchaus reale Welt: Der überwiegende Teil der
Handlung spielt in einer ostpreußischen Kleinstadt
während des Ersten Weltkrieges. Held ist der Baumeister Johannes von Süde, ein »noch junger Herr und von
sehr ordentlich nüchterner Gesinnung«, ein pflichtbe-
wußter, fast spartanischer Mensch, den Koeppen »mit
dem wachen und besonderen Blick eines Künstlers«
ausgerüstet hat. Auch er – wie Friedrich – ein Einsamer,
dessen Bemühungen vergeblich bleiben, der scheitert.
Die Motive sind jedoch nicht vergleichbar.

In der *Unglücklichen Liebe* wurden charakterolo-
gische Diagnosen aus psychologischen Erkenntnissen
abgeleitet und mündeten aus psychologisierenden Be-
hauptungen. So imponierend in diesem Buch eben die

Konsequenz der Psychologie war, so ungewöhnlich seine sprachliche Kraft – es wurde doch immer wieder von der Gefahr der Abstraktion bedroht. Die *Unglückliche Liebe* war eine große Talentprobe und zugleich ein in dieser Art nicht mehr wiederholbares Experiment. Im zweiten Roman wirkt vieles konventionell, er mag in mancher Hinsicht ein Rückschritt gewesen sein – nicht ohne Grund hat der Autor eine Neuauflage nach 1945 verhindert. Indes weist die *Mauer* – auch wenn wir es gewiß nicht mit einem gelungenen Kunstwerk zu tun haben – noch deutlicher auf den Koeppen der fünfziger Jahre hin.

Johannes von Süde, der den Wiederaufbau einer durch das Kriegsgeschehen zerstörten Stadt leitet, kann nichts erreichen, weil sich seinen Neuerungsprojekten sowohl die Einwohner als auch die Behörden widersetzen. Ein romantischer Individualist, dessen »Denken… sich in Extremen bewegt«, kommt er schließlich zum Ergebnis, daß ihm »die Wahrheit und der Sinn immer und immer entgangen waren«. Die Welt erscheint ihm unbegreiflich, nicht weil sich ihm eine Frau verweigert, sondern weil es ihm unmöglich ist, das Sinnvolle gegen »die Mächte des Chaotischen« durchzusetzen. Ein Don Quichotte in kleinbürgerlicher ostpreußischer Umgebung, scheitert an der Gesellschaft, in der er wirkt. Seine Leiden sind vornehmlich Leiden an der Zeit. Dieser Baumeister Johannes von Süde ist Koeppens erster Held, dessen Einsamkeit, Lebensangst und Resignation durch den Druck der Umstände und der objektiven Verhältnisse bedingt sind.

Vergeblich wird der mißtrauische Leser in den beiden Romanen, mit denen Koeppen seine Laufbahn begann, auch nur die geringsten Konzessionen zugunsten der neuen Machthaber in Deutschland suchen. Im Gegenteil: die literarischen Einflüsse, die man in dieser Prosa zu spüren vermeint, scheinen auf Schriftsteller hinzuweisen, die damals verboten waren – von Thomas Mann über Franz Kafka bis zu Joseph Roth. Beide Romane zeugen zumindest von der Isolation und der Depression des Künstlers im »Dritten Reich«. Ja, mehr noch: In den ersten Kapiteln des Buches *Die Mauer schwankt* besucht der Held ein orientalisches Land. Er wird bald verhaftet und von der Polizei mißhandelt. Die Zustände in dieser fernen Diktatur mußten dem deutschen Leser von 1935 nicht ganz unbekannt vorkommen:

»Weißt Du, was man hier flüstert hinter verhängten Fenstern und verstopften Türritzen, wenn man die Maßnahmen der Regierenden bespricht und das Elend, das sie bedeuten?... Nach außen kein offenes Gespräch, kein offenes Antlitz. Man zwingt sich zum Gleichmut in der Miene und tut, als ginge man seinen Geschäften nach. Und doch lebt lebendiger als das eigene Leben immerwährend der Blutgeschmack auf der Zunge eines jeden, der an die Getöteten und die Niedergeschlagenen und die Erniedrigten denkt. Jeder aber mißtraut auch jedem. Überall droht Verrat. Der Freund traut dem Freund nicht mehr, und nur noch die, die durch schon vergossenes Blut miteinander verbunden und verschworen sind, gestehen sich die Wahrheit ihrer Gedanken.«

Das Buch *Die Mauer schwankt* war in Berlin erschienen, aber während eines Aufenthalts in Holland entstanden. Koeppen blieb einige Zeit im Ausland, er konnte jedoch nicht mehr schreiben. Über den Schriftsteller Philipp, eine Romangestalt, wird er später sagen: »Philipps kleiner Ruf, der erste Versuch... war im Lautsprecherbrüllen und im Waffenlärm untergegangen, war von den Schreien der Mörder und Gemordeten übertönt worden, und Philipp war wie gelähmt, und seine Stimme war wie erstickt.

Viele Jahre war Koeppen wie gelähmt, blieb seine Stimme wie erstickt – denn sein nächstes Buch, in dem eben der Schriftsteller Philipp auftritt, *Tauben im Gras,* erschien erst 1951. Die Kritik reagierte auf diesen Roman zwar mit Anerkennung, aber doch mit Befremden – und das erscheint weniger verwunderlich, wenn man sich die literarische Situation in Deutschland vergegenwärtigt, auf die das Buch damals traf.

Das Jahr 1949 brachte Ernst Jüngers *Strahlungen,* den ersten Band der Trilogie *Die Sintflut* von Stefan Andres, Arno Schmidts *Leviathan,* die Erzählung *Unruhige Nacht* von Albrecht Goes, den Roman *Die Toten bleiben jung* der Anna Seghers, Stephan Hermlins Erzählungen *Die Zeit der Gemeinsamkeit,* das Kriegsbuch *Die Geschlagenen* von Hans Werner Richter und Heinrich Bölls *Der Zug war pünktlich.* Im Jahr 1950 folgten die ersten Geschichtenbände von Wolfdietrich Schnurre *(Die Rohrdommel ruft jeden Tag)* und von Böll *(Wanderer kommst Du nach Spa...)* sowie der Roman *Nein – Die Welt der Angeklagten* von Walter Jens. 1951 erschienen:

Ernst von Salomons *Fragebogen,* Curt Hohoffs *Woina, woina,* Arno Schmidts *Brand's Haide,* Richters *Sie fielen aus Gottes Hand* und Bölls *Wo warst du, Adam?* Von den Büchern des Jahres 1952 schließlich seien erwähnt: Theodor Plieviers *Moskau,* Peter Bamms *Unsichtbare Flagge* und Alfred Anderschs *Kirschen der Freiheit.*

Wenn auch gegen diese knappe Titelauswahl gewiß der Vorwurf der Vereinfachung erhoben werden kann, so läßt sie doch zumindest die Grundtendenzen erkennen. Erkennbar wird, daß damals die Auseinandersetzung mit der Vergangenheit im Vordergrund stand: Die Thematik wurde fast ausschließlich vom Kriegserlebnis – im weitesten Sinne des Wortes – beherrscht. Nicht weniger auffällig ist die (durchaus verständliche) Vorliebe für zeitdokumentarische Bücher, für sachliches Referieren, eindeutige Bekenntnisse und ungetarntes Reflektieren, für anspruchslose oder scheinbar anspruchslose Formen. Es triumphieren autobiographische Berichte, wie sie von Salomon, Bamm und Andersch geschrieben wurden, es werden wirkliche oder fiktive Tagebücher bevorzugt, wie die von Jünger und Hohoff.

In den Roman dringen – in den Jahren nach dem Ersten Weltkrieg war die Situation ähnlich – Elemente der Reportage und des unmittelbaren Rechenschaftsberichts ein. Die Bücher von Plievier und Richter können hier als typisch gelten. Alle diese Autoren streben offenbar nicht Kunstwerke an, sondern fühlen sich berufen, zunächst und vor allem als Zeugen auszusagen, als Zeitgenossen Geschehnisse zu fixieren. Da, wo die Wirkung moderner stilistischer Vorbilder unzweifelhaft spürbar wird, scheint, wenn man von Arno Schmidt absieht, der Einfluß der amerikanischen *short-story*, zumal Hemingways, zu dominieren – so etwa bei Böll und bei Schnurre.

Koeppens vorher zitierte autobiographische Skizze endet mit einer aufschlußreichen Bemerkung, die sich auf die Jahre nach 1945 bezieht: »Eines Tages kam Henry Goverts, der Verleger, zu mir. Er fragte mich: Warum schreiben Sie nichts mehr? Da fragte auch ich mich, worauf ich all die Jahre gewartet hatte und warum ich Zeuge gewesen und am Leben geblieben war.« Auch auf dem Romancier Wolfgang Koeppen lastet die Vergangenheit, auch er will vor allem Zeuge sein. Nur ergeben sich bei ihm daraus ganz andere Folgerungen. Er erzählt nicht von der Vergangenheit. Ihn fasziniert und bestürzt die unmittelbare Gegenwart so sehr, daß er sie dreimal hintereinander in Romanen sichtbar zu machen versucht: zunächst in den *Tauben im Gras*, später im *Treibhaus* (1953) und im *Tod in Rom* (1954). Diese Bücher gehören zusammen: Es sind Teile einer Trilogie. Ihr Hauptthema lautet: Die Deutschen nach dem Zusammenbruch des »Dritten Reichs«. Zugleich knüpft Koeppen an andere formale Traditionen an: Um eine Sinndeutung erlebter Gegenwart mit ausschließlich epischen Mitteln bemüht, greift er ebenfalls zu angelsächsischen Vorbildern, doch nicht zu jenen, in deren Bann die meisten deutschen Erzähler der jüngeren und mittleren Generation um 1950 standen.

Bereits 1928 hatte Alfred Döblin geschrieben: »In den Rayon der Literatur ist das Kino eingedrungen, die Zeitungen sind groß geworden, sind das wichtigste, verbreiteste Schrifterzeugnis, sind das tägliche Brot aller Menschen. Zum Erlebnisbild der heutigen Menschen gehören ferner die Straßen, die sekündlich wechselnden Szenen auf der Straße, die Firmenschilder, der Wagenverkehr... Jetzt ist wirklich ein Mann nicht größer als die Welle, die ihn trägt. In das Bild von heute gehört die Zusammenhanglosigkeit seines Tuns, des Daseins überhaupt, das Flatternde, Rastlose.«[2]

Döblin schrieb dies in einer Kritik des Joyceschen *Ulysses,* der ihm »ein Experimentierwerk« zu sein schien: »weder ein Roman noch eine Dichtung, sondern ein Beklopfen ihrer Grundelemente«. Wie er sich die Verwirklichung seiner theoretischen Postulate vorstellte, bewies der Roman *Berlin Alexanderplatz* (1929). Es wurde augenscheinlich, daß Döblin die Ergebnisse jenes »Beklopfens« auszuwerten vermochte: Er hat bei Joyce viel gelernt und auch bei dem Dos Passos des *Manhattan Transfer.*

An diese Tradition, deren Fortsetzung in Deutschland zwischen 1933 und 1945 unmöglich war, knüpft der Autor der *Tauben im Gras* an. Wenn es in einer *Das Treibhaus* betitelten Parodie von Robert Neumann heißt, Koeppen pfeife die »Dospassionata« und habe vieles »verdöblint«, so hat das schon in einem gewissen Sinne seine Richtigkeit. Er ist bei Joyce, Dos Passos, Döblin und desgleichen – und vor allem – bei Faulkner in die Schule gegangen. Und während Döblin in dem angeführten Aufsatz polemisch bemerkte: »Man muß es nicht so machen, wie es Joyce gemacht hat«, erklärt

Koeppen kurzerhand: »Ich bin überzeugt, daß man heute ohne die Wegmarke Joyce in seine Richtung gehen müßte. Dieser Stil entspricht unserem Empfinden, unserem Bewußtsein, unserer bitteren Erfahrung. Und man sollte, weil ein Großer zum ersten Mal so gesprochen, so erzählt hat, das Gefundene, das Erreichte nicht leichtfertig verwerfen.«[3]

Wie Döblin in den zwanziger Jahren, so hat sich auch Koeppen in den fünfziger Jahren manche Errungenschaften seiner Meister zunutze gemacht. Er hat jedoch nichts mechanisch übernommen, nichts kopiert. Der sich assoziativ fortspinnende innere Monolog, die Montagetechnik und der filmhafte Bildwechsel, die Simultaneität und der Pointillismus, der Perspektivenwechsel, die Kombination von epischem Bericht, Dialog und gedachter Rede, zumal der fast unmerkliche Übergang von der objektiven Darstellung in den Monolog, die Technik der Slogans und der Schlagzeilen – alle diese Mittel hat Koeppen weder erfunden noch in die deutsche Literatur eingeführt. Aber er ist der erste Schriftsteller, der sie mit virtuoser Selbstverständlichkeit zur epischen Bewältigung der deutschen Realität nach 1945 anzuwenden vermochte.

Im Vorwort zur zweiten Auflage der *Tauben im Gras* sagt Wolfgang Koeppen: »Es war die Zeit, in der die neuen Reichen sich noch unsicher fühlten, in der die Schwarzmarktgewinner nach Anlagen suchten und die Sparer den Krieg bezahlten. Die neuen deutschen Geldscheine sahen wie gute Dollar aus, aber man traute doch mehr den Sachwerten, und viel Bedarf war nachzuholen, der Bauch war endlich zu füllen, der Kopf war von Hunger und Bombenknall noch etwas wirr, und alle Sinne suchten Lust, bevor vielleicht der dritte Weltkrieg kam. Diese Zeit, den Urgrund unseres Heute, habe ich geschildert.«

Der Roman enthält eine verblüffende Vielzahl von Gestalten, Schicksalen und Milieus, Situationen und Vorgängen, Impressionen und Bewußtseinsebenen. Aber wie Joyce konzentriert auch Koeppen das Geschehen auf einen einzigen Tag, auf eine einzige Stadt. Und es ist nicht etwa eine Allerweltsstadt – wie seinerzeit in der *Unglücklichen Liebe* –, auch nicht eine kompilierte westdeutsche Durchschnittsstadt, sondern – wie Dublin, New York und Berlin in den Romanen der Meister – eine sehr konkrete, zwar nicht genannte, doch immer erkennbare, ja unverwechselbare Welt: das von den Amerikanern besetzte München.

Das Geschehen ist in Kurzszenen aufgelöst, das Bild wird aus Mosaiksteinen zusammengesetzt. In sämtlichen Episoden durchdringt Koeppen den Alltag seiner Gestalten. Sie werden – wie einst in *Berlin Alexanderplatz* – unaufhörlich von der Brandung des Lebens umspült. Während jedoch Döblin und schon vor ihm Dos Passos rohes, nahezu unermeßliches Tatsachenmaterial zusammengerafft und in ihren Riesengemälden untergebracht hatten, fällt bei Koeppen die strenge Auslese der berücksichtigten Phänomene auf. Seiner epischen Bestandsaufnahme haftet nichts Naturalistisches an. Statt der grandiosen Expansion Döblins bietet Koeppen die gewissenhafte Reduktion. Nicht um ein gigantisches

Fresko, das die Fülle der Zeit wiedergibt, ist er bemüht, sondern um ein raffiniert konstruiertes Kaleidoskop, um ein strenges Konzentrat, das lediglich ihre wesentlichsten Merkmale verdeutlichen soll.

Die Menschen, die Koeppen auftreten läßt – Deutsche und Amerikaner, Weiße und Schwarze, Erwachsene und Kinder, komplizierte und primitive Naturen, Erfolgreiche und Gescheiterte –, sie alle sind auf der Jagd: nach Liebe und Erkenntnissen, nach Geld, Genuß und Ruhm, nach Sicherheit und Frieden, nach einem besseren Leben. Aber in Wirklichkeit jagen sie nicht, sondern werden gejagt, streben nicht einem Ziel zu, sondern wimmeln durcheinander wie Tauben im Gras, fliehen wie aufgescheuchte Vögel – »frei und von Schlingen bedroht, dem Metzger preisgegeben«. Die Großen und die Kleinen, die Arrivierten und die Beladenen sind auf der Flucht vor einem Dasein, dessen Unheimlichkeit sie spüren, vor einer Welt, die ihnen sinnlos, unbegreiflich und rätselhaft zu sein scheint: »Im Gras hockten Vögel... Die Vögel sind zufällig hier... vielleicht ist die Welt ein grausamer und dummer Zufall Gottes, keiner weiß, warum wir hier sind, die Vögel werden wieder auffliegen, und wir werden weitergehen.«

Doch nicht metaphysisch wird diese innere Unruhe und Hast erklärt, jenes »Flatternde« und »Rastlose«, dessen Darstellung Döblin in einer freilich ganz anderen Situation gefordert hatte. Der Erzähler Koeppen führt immer wieder – ohne es je aufdringlich zu tun – die Schicksale seiner Helden auf die historischen und gesellschaftlichen Zeitumstände zurück. Der Lehrer, der

sich mit Drogen zugrunde gerichtet hat, weil er nicht
Soldat werden wollte; der Arzt, der seinen Lebensunterhalt als Blutspender verdienen muß; der Schriftsteller,
der so große Hemmungen hat, daß er nicht mehr schreiben kann; die Deutsche, die boykottiert wird, weil sie
mit einem Neger zusammenlebt; der Gepäckträger, der
sich von seinen Kriegserlebnissen nicht freimachen
kann; die in Konventionen erstickende, von ihrem
Mann verlassene Frau; der Junge, der einen Gleichaltri-
gen zu betrügen beabsichtigt; die jüdische Emigrantin,
die Deutschland nicht mehr wiedersehen will: Sosehr
sie sich voneinander unterscheiden, sosehr sind sie
doch alle Opfer ihrer Zeit, auf ihnen lastet – bewußt
oder unbewußt – die Vergangenheit.

Sie leiden alle an der schrecklichen Krankheit des
Jahrhunderts: an der Angst. *Tauben im Gras* – das ist vor
allem eine Studie über die Angst. Die Handlungen und
Episoden sind Variationen eines einzigen Themas, das
in mannigfaltigen Spiegeln reflektiert wird. Und da
Koeppens Gestalten auf der Flucht vor sich selber sind,
da sie von Lebensangst gepeinigt werden, können sie
nie zueinander kommen. Sie sind nicht imstande, ihre
Einsamkeit zu durchbrechen – auch wenn ihre Wege
sich hier und da kreuzen. Denn es sind, bestenfalls, nur
äußerliche Begegnungen: Die Menschen bleiben sich
fremd, sie leben nicht miteinander, sie existieren nur
nebeneinander.

Journalisten und Fotografen erwarten in der Hotelhalle den berühmten angelsächsischen Dichter. Aber er
entflieht ihnen durch einen Hinterausgang, der in einen

Hof führt. Eben dort trifft er den deutschen Schriftsteller Philipp, der ihn interviewen wollte und der wiederum das Treiben in der Hotelhalle, in dessen Mittelpunkt er durch ein Mißverständnis geraten war, nicht mehr aushalten konnte. Da stehen sie sich nun hinter den Kulissen zufällig gegenüber, können jedoch das Wort der Verständigung nicht finden und gehen, »scheu zueinander Distanz wahrend«, wieder auseinander: »Der Portier hielt sie für Männer, die wegen einer Frauengeschichte den Personalausgang benutzen mußten.«

Mag der Roman damals, 1951, als ungewöhnlich aggressiv empfunden worden sein – im Grunde ist dieser erste Teil der Trilogie Koeppens noch kein militantes Buch. Nicht die Anklage dominiert, sondern die Klage, nicht mit einem epischen Plädoyer haben wir es zu tun, sondern mit einer – freilich bestürzenden – Diagnose.

Als Attacke hingegen war offensichtlich der Roman *Das Treibhaus* gedacht. Im *Tod in Rom* bekommt der Komponist Siegfried Pfaffrath zu hören: »Ich rate Ihnen nicht, in den berühmten Elfenbeinturm zu steigen. Um Gottes willen – kein Leben für die Kunst! Gehen Sie auf die Straße. Lauschen Sie dem Tag!... Experimentieren Sie! Experimentieren Sie mit allem, mit allem Glanz und allem Schmutz unserer Welt, mit Erniedrigung und Größe – vielleicht finden Sie den neuen Klang!« Koeppens Romane sind in diesem Sinne Experimente. Die erzählerischen Mittel werden erprobt, mit denen es möglich wäre, der deutschen Misere beizukommen. *Das Treibhaus* ist insofern ein ungewöhnlicher Versuch, als wir es mit einem direkten Vorstoß in den politischen Bereich zu tun haben – und politische Romane werden in deutschen Landen sehr selten geschrieben.

Die Bundeshauptstadt Bonn im Jahre 1953, das Parlament und die Regierung, die Parteien und die Fraktionen, die Cliquen und die Verbände, die Karrieremacher und die Opportunisten, der Alltag der politischen Maschinerie – das vor allem ist die Materie des Buches. Die Gestalten haben reale Ausmaße, der Hintergrund hingegen, auf den sie projiziert werden, wirkt gespenstisch, wird von Koeppen bewußt dämonisiert. Denn Deutschland ist in seiner Sicht »ein großes öffentliches Treibhaus«.

Im Unterschied jedoch zu den *Tauben im Gras* führt Koeppen hier einen zentralen Helden ein. Es genügt, die entscheidenden Ereignisse seines Lebens anzuführen, um die moralpolitische Konzeption des Romans anzudeuten: Keetenheuve ist ein Mann, der zur Zeit des »Dritten Reiches« emigriert, 1945 zurückkehrt, »besessen von dem Gedanken zu helfen, aufzubauen, Wunden zu heilen, Brot zu schaffen«, im Bundestag als »des Kanzlers getreuer Abgeordneter und Oppositioneller in Ergebenheit« wirkt und schließlich 1953 Selbstmord begeht – aus Verzweiflung an den deutschen Zuständen.

Die Radikalität dieser Konzeption wurde aber durch das psychologische Porträt Keetenheuves erheblich beeinträchtigt. Es war keine sonderlich glückliche Idee, der Bonner Welt, die Koeppen bloßstellen wollte, einen Mann entgegentreten zu lassen, der schon deswegen zu einer Kontrastfigur nicht taugte, weil er an seiner eigenen Unzulänglichkeit zugrunde geht. Nicht ein Sachwalter des Guten in der Welt des Bösen ist dieser Keetenheuve, sondern lediglich ein von des Gedankens Blässe angekränkelter Träumer und Spintisierer, nicht ein tragisch scheiternder Kämpfer, sondern nur ein bedauernswerter Amokläufer der Politik und ein »törichter Ritter gegen die Macht«, von dem es heißt, er sei bereits geschlagen gewesen, als er anfing, denn: »Als Politiker war er ein Heiratsschwindler, der impotent wurde, wenn er mit Frau Germania zu Bett gehen sollte.« Und an einer anderen Stelle: »Er hatte den Kampf verloren. Die Verhältnisse hatten ihn besiegt, nicht die Gegner. Die Gegner hatten ihn kaum beachtet.«

So wenig das Experiment *Treibhaus* als gelungen bezeichnet werden kann, so bemerkenswert ist der große Widerstand, auf den das Buch traf. Denn Koeppen wurde meist nicht vorgeworfen, er habe einen romantischen Helden in die Gefilde der deutschen Politik eingeführt, eine Figur, die ihre Widersacher bestätigt und somit die vom Autor angestrebte Anklage abschwächt. Hingegen hielt man ihm das vor, was an dem Roman aus der heutigen Perspektive am wertvollsten zu sein scheint: einige überbelichtete Genrebilder und herausfordernde sarkastische Szenen, in denen vielleicht nicht immer die spezifische Atmosphäre der bundesrepublikanischen Hauptstadt gegenwärtig ist, wohl aber – zumal in der ersten Hälfte des Buches – der Zeitgeist spürbar wird.

War der Roman *Tauben im Gras* eine elegische Dia-

gnose und das *Treibhaus* eine provozierende Elegie, so
ist der *Tod in Rom* eine alarmierende Provokation. Nach
der an Dos Passos erinnernden Konstruktion der *Tau-*
ben im Gras mit den vielen voneinander unabhängigen
und sich doch immer ergänzenden Parallelhandlungen,
nach der fast klassisch anmutenden Struktur des *Treib-*
hauses mit der dominierenden, wenn auch nicht eben
überzeugenden Gestalt des angeblich an seiner Umwelt
scheiternden Helden – entscheidet sich Koeppen im *Tod*
in Rom für eine strenge novellistische Komposition.

Mit mathematischer Exaktheit führt er die Deutschen, die für wenige Tage nach Rom kommen, einander entgegen. Sie begegnen sich unter mehr oder
weniger dramatischen Umständen, werden in einem
Konzertsaal vereinigt und streben wieder auseinander.
Alle Gestalten, Aktionen und Episoden sind mit größter
Konsequenz auf das Zentrum hin geordnet. Treffend be-
merkt Alfred Andersch, der Roman lese sich am Ende
»wie die Choreographie eines Balletts«. Das »Suchen,
Finden und Sich-Verlieren« der Figuren habe »nichts
mehr mit Wahrscheinlichkeit zu tun.«[4]

Und nicht an »Wahrscheinlichkeit« im Sinne eines
engstirnig aufgefaßten Realismus ist Koeppen gelegen.
Während er im *Treibhaus* für wirkliche Personen einen
geisterhaft wirkenden Hintergrund entworfen hatte,
versucht er in *Tod in Rom,* geisterhaft wirkende Gestalten auf einen wirklichen Hintergrund zu projizieren. Er
reduziert ihre psychologischen Porträts, die weitgehend
durch die deutsche Vergangenheit bedingt sind, auf einige wesentliche Züge und zeigt sie in einer verfrem-

45

deten Umwelt, wodurch eben diese Charakterzüge mit beängstigender Deutlichkeit augenscheinlich werden. Die somit nur in Umrissen sichtbaren Individuen personifizieren Lebensauffassungen – als Modellfiguren sind sie gedacht und als Symbole.

Der ehemalige, in Abwesenheit zum Tode verurteilte SS-General Judejahn, der nun im Auftrag eines arabischen Staates nach Rom kommt, um Waffen einzukaufen, ist nicht nur ein Amokläufer des Frevels und ein Sinnbild des Nationalsozialismus in seiner aggressivsten und primitivsten Form. Der junge Komponist Siegfried Pfaffrath sieht in ihm »die Verkörperung alles zu Fürchtenden und zu Hassende ... das Symbol des Zwanges, der Aufmärsche, des Krieges«. Für Koeppen, der Judejahns lackglänzenden, schwarzen Wagen mit einem »funkelnden dunklen Sarg« vergleicht, wird der Waffenaufkäufer zugleich zu einer zeitgenössischen Allegorie des Todes – freilich nicht jenes subtilen Bruder Todes, der die deutschen Dichter von der Romantik bis zu Thomas Mann fasziniert hat. Denn Judejahn ist »ein brutaler, ein gemeiner, ein plumper und einfallsloser Tod«.

Keetenheuve im *Treibhaus* hatte eigentlich keine Gegenspieler: Er und die Bonner Politiker agierten auf so verschiedenen Ebenen, daß sie sich überhaupt nicht treffen konnten. Judejahn hingegen wird mit seinem Schwager Pfaffrath und dessen Sohn konfrontiert. Der Schwager, »der allzeit vernünftige Vertreter vernünftiger und durchsetzbarer nationaler Ansprüche«, ist jetzt »Oberbürgermeister und angesehener Bundesbürger«,

gehört aber zu jenen, die Judejahns »Wandern mit dem
Tod gebilligt« hatten. Sein Sohn Dietrich, der Corps-
student, der künftige Beamte, befürchtet zwar, Judejahn könnte seiner Karriere schaden, wäre jedoch »gern
hinter Judejahn marschiert, an aussichtsreicher und
postennaher Stelle natürlich«. Der offenen Amoralität
wird also von Koeppen die getarnte Amoralität ent-
gegengesetzt, dem Verbrechen – der Opportunismus.
Somit ist es nur eine scheinbare Antithese. Die zu Kom-
promissen stets bereiten Bürger Pfaffrath, diese unmittelbaren Nachkommen des Diederich Hessling aus
Heinrich Manns *Untertan* – sie sind nicht die Gegenspieler Judejahns, sondern seine gestrigen Verbünde-
ten und nunmehr seine potentiellen Partner. Wirkliche
Gegenspieler gibt es in diesem Roman aus dem Jahre
1954 überhaupt nicht. Es ist nicht Koeppens Sache, Vorschläge zu machen und Lösungen zu bieten.

Indes begnügt er sich nicht mit der spöttischen Antithese und exemplifiziert zwei weitere Haltungen. Der
reuige Sohn des Generals hat beim Katholizismus Zuflucht gefunden: »Du warst wie ein Hund, der seinen
Herrn verloren hat, und du mußtest dir einen neuen
Herrn suchen.« Der andere, der einen Ausweg aus dem
Labyrinth sucht, der Komponist Siegfried Pfaffrath, der
Abtrünnige, der mit seiner Familie gebrochen hat – das
ist eine neue Version des in allen Romanen Koeppens
auftauchenden Helden, des einsamen, heimatlosen Intellektuellen, der meist als unmittelbarer Sprecher des
Autors fungiert. Seine Klage wird in einem einzigen
Ausruf zusammengefaßt: »Meine Musik ist sinnlos, aber

sie brauchte nicht sinnlos zu sein, wenn ich nur etwas Glauben hätte. Aber woran soll ich glauben?«

Ihm vertraut Koeppen auch jenes Bekenntnis an, auf das seine drei Romane der fünfziger Jahre immer wieder hinauslaufen: »Suche ich wirklich ein Vaterland, oder berufe ich mich nur auf die Menschheit als auf einen Nebel, in den ich verschwinden kann? ... Wenn es ein Vaterland gäbe ohne Geschrei, ohne Fahnen, ohne Aufmärsche, ohne betonte Staatsgewalt, eine gute Verkehrsordnung nur unter Freien, eine freundliche Nachbarschaft, eine kluge Verwaltung, ein Land ohne Zwang, ohne Hochmut gegen den Fremden und den Nächsten, wäre es nicht auch meine Heimat?«

Der *Tod in Rom* beweist zugleich, daß Koeppen die entscheidenden Charakterzüge seiner Helden mit mannigfaltigen Erscheinungen aus der Sexualsphäre zu kennzeichnen und zu symbolisieren vermag. Schon in seinen früheren Romanen war ihm dies bisweilen auf unkonventionelle Weise gelungen.

In den *Tauben im Gras* geht die junge Amerikanerin Kay, die von einem erotischen Erlebnis in Deutschland träumt, mit dem Schriftsteller Philipp in sein Zimmer. Aber wie er nicht mehr schreiben kann, so ist er auch, sobald er mit ihr allein bleibt, »verdorrt« und »erstarrt«: »Er fühlte sich alt und fühlte sein Herz erkalten.« Auch im *Treibhaus* spielt die Impotenz eine gewisse Rolle. Dem politischen Fiasko des Helden entspricht dessen erotische Niederlage: Seine junge Frau wird von einer Lesbierin verführt. Im *Tod in Rom* verdeutlicht Koeppen die Unmenschlichkeit Judejahns mit seiner Sexualität: »Er brauchte eine Frau, um sie zu hassen, er brauchte für seine Hände, für seinen Leib einen anderen Leib, ein anderes Leben, das zu hassen und zu vernichten war, nur wenn man tötete, lebte man...« Den ehrgeizigen jungen Bürger Dietrich Pfaffrath verlocken die »viel verheißenden Könnerinnen« auf den Straßen Roms. Er rechnet sich jedoch aus, daß eine solche Könnerin ihn mehr kosten würde, als er anlegen möchte, weswegen er sich zu einer billigeren sexuellen Befriedigung entscheidet: Er kauft sich eine pornographische Zeitschrift. Die Onanie wird zum Symbol des Kompromisses. Die Vergangenheit, die auf Siegfried Pfaffrath lastet, wird wiederum durch seine Homosexualität angedeutet: Die Veranlagung des Helden haben seine Jugenderlebnisse in einer nationalsozialistischen Erziehungsanstalt verursacht.

Es ist nicht überraschend, daß diese in jeder Hinsicht kühnen Romane im Deutschland der fünfziger Jahre auf hartnäckigen Widerstand stießen. Bereits gegen *Tauben im Gras* hatte die Kritik ernsthafte Bedenken angemeldet. Aber diesem Buch war noch – zum Unterschied von den weiteren Romanen Koeppens – ein gewisser Erfolg beschieden. *Das Treibhaus,* immerhin ein origineller Vorstoß in den Bereich der gegenwärtigen Politik, wurde unterschätzt, der *Tod in Rom* scheint gänzlich verkannt worden zu sein. Ein Teil der Presse ignorierte das Buch, der Rest sah in ihm lediglich einen gegen Faschismus, Neofaschismus und die Wirtschaftswunderwelt gerichteten politischen Zeitroman, dessen Aggressivität von manchen Rezensenten als höchst

überflüssig empfunden wurde. Wenige Jahre später
konnte man sich davon überzeugen, daß Koeppens
Visionen des nazistischen Erbes und der deutschen
Gegenwart keineswegs aus der Luft gegriffen und daß
seine Diagnosen nicht eben überspitzt waren.

Die bundesrepublikanische Öffentlichkeit hatte also
für Koeppens epische Formulierungen anstößiger
Wahrheiten zunächst wenig und später überhaupt kein
Verständnis. Keiner der drei Romane wurde zu einem
Verkaufserfolg, keiner erhielt einen Preis. Daß derartige
Umstände zu einer Krise geführt haben, ist nicht ver-
wunderlich. In *Tod in Rom* wird dem Komponisten Pfaf-
frath vor der Uraufführung seiner Symphonie gesagt:
»Ich glaube, daß Ihre Musik eine Funktion in der Welt
hat. Vielleicht wird der Unverstand pfeifen. Lassen Sie
sich nie von Ihrem Weg bringen. Versuchen Sie nie,
Wünsche zu erfüllen. Enttäuschen Sie den Abonnenten.
Aber enttäuschen Sie aus Demut, nicht aus Hochmut!«

Der Romancier Koeppen ließ sich jedoch durch die
unmittelbare Reaktion auf seine Bücher von seiner
eigentlichen Aufgabe wegdrängen. Reiseberichte, die
ursprünglich für den Rundfunk geschrieben waren,
wurden zur Ausweichmöglichkeit, zeugten von einem
Rückzug ins Unverbindliche – denn es ist ein harmlose-
res und daher dankbareres Geschäft, seine Eindrücke
von Reisen nach Italien oder Spanien oder sogar in die
Sowjetunion wiederzugeben, als in Romanen Konflikte
der Deutschen hier und heute zu behandeln.

Gewiß verdanken wir dem Band *Nach Rußland und
anderswohin* (1957) sowie dem Buch *Amerikafahrt*

(1959) weitere Beweise der schriftstellerischen Kunst Koeppens. Viele farbige Impressionen und geschickte Momentaufnahmen werden geboten. Vor allem fällt der sprachliche Glanz auf. Immer wieder spürt man den Meister pointillistischer Detailmalerei, der wie kein anderer deutsche Proasist unserer Tage Lokalkolorit einzufangen und die Atmosphäre zu vergegenwärtigen imstande ist. So wertvoll auch mehrere dieser Berichte sind, zumal die im ersten Band enthaltenen, so handelt es sich doch offensichtlich um Nebenwerke, die ursprünglich als »Umwege zum Roman« und als »Kulissenbeschreibungen« gedacht waren.[5] Aber aus den gelegentlichen Seitensprüngen des Romanciers war ein Seitenpfad geworden und aus dem Seitenpfad schließlich – wie das Buch *Reisen nach Frankreich* (1961) gezeigt hat – eine Sackgasse.

In *Tod in Rom* sagt der Komponist Pfaffrath: »Aus Angst, aus Verzweiflung, aus bösen Geschichten, aus schrecklichen Träumen schrieb ich Musik, rätselte herum, ich stellte Fragen, eine Antwort wußte ich nicht, eine Antwort hatte ich nicht, eine Antwort konnte ich nicht geben.« Mit diesen Worten werden auch Koeppens Romane der fünfziger Jahre gekennzeichnet. Es sind nicht Antworten, sondern Fragen eines Moralisten, Aussagen eines Zeugen, Beschwörungen eines alarmierten Zeitgenossen. In den besten Abschnitten seiner Bücher wird die Synthese von Ekstase und Sachlichkeit verwirklicht. Er ist ein sinnlicher Träumer und zugleich ein kühler Beobachter, ein leidenschaftlicher elementarer Erzähler – und doch ein exakt berechnender Archi-

51

tekt von Kunstwerken in Prosa. Er liebt es, auf den Leser mächtige Wortkaskaden wirken zu lassen. Aber er geht mit der Sprache sparsam und vorsichtig um.

Nicht nur bei Joyce und Faulkner ist er in die Schule gegangen, sondern auch bei den großen Realisten des 19. Jahrhunderts, den Franzosen zumal. An sie erinnert bisweilen nicht die Technik seiner Romane, wohl aber seine Sicht, sein Blick auf die Menschen unserer Zeit. Opportunisten und Zyniker, Geschäftemacher und Dirnen, Schauspieler und Soldaten, Spießbürger und Verbrecher bevölkern sein »verdammtes Schlachtfeld«. Seine eigentlichen Helden sind jedoch Künstler: der Schriftsteller Philipp, der Politiker Keetenheuve, der ein verkappter Poet ist, der Komponist Pfaffrath. Zu schwach, um etwas zu erreichen, sind sie stark genug, um sich der Gesellschaft und der Mode nicht zu unterwerfen: Sie wollen wenigstens ihre geistige Unabhängigkeit bewahren.

Wie gegen diesen Schriftsteller der Vorwurf des Zynismus erhoben werden konnte, ist unverständlich: Wolfgang Koeppens Protest entspringt der Liebe zum Leben.

1963

KRÜMEL VON SEINEM TISCH

Wurde in letzter Zeit über Wolfgang Koeppen geschrieben, so meist in einem hochdramatischen, wenn nicht alarmierenden Tonfall *Im Übergang zum Untergang – Über das Schweigen Wolfgang Koeppens* war ein 1972 in den *Akzenten* gedruckter Beitrag betitelt.[1] Und eine Tageszeitung versah ihr »Gespräch mit Wolfgang Koeppen über sein Schweigen« mit der doch etwas kühnen Schlagzeile: *Viel schlimmer bin ich dran als Hiob.* Kein Artikel über Koeppen ohne die Vokabeln »Melancholie« und »Resignation« und, natürlich, »Schweigen«.

Das ist ja auch sehr ernst. Nur habe ich den Eindruck, daß Koeppens vielzitiertes Schweigen für die literarische Öffentlichkeit der Bundesrepublik jetzt attraktiver geworden ist, als es je sein Schreiben war. Über eine Produktionspause oder eine Krise im Leben eines bedeutenden Schriftstellers läßt sich freilich gemütlicher und leichter meditieren als über seine eigentliche Produktion. Der Koeppen-Mythos, den es mittlerweile gibt, zeichnet sich überdies durch allerlei Vorwürfe und Anklagen aus, deren Adresse nicht ganz klar ist. Einerseits scheint es, als wolle man die Gesellschaft oder die Bundesrepublik oder den kapitalistischen Kulturbetrieb dafür verantwortlich machen, daß der Siebenundsechzigjährige seit einiger Zeit keine Bücher mehr publiziert. Andererseits verübelt man offenbar Koeppen, daß er sein Soll nicht erfüllt.

Er selber ist, wie man sich denken kann, an diesem Mythos ein wenig mitschuldig. Jahrelang kündigte er ein umfangreiches episches Werk an, das vornehmlich die Epoche der Weimarer Republik behandeln soll und aus dem auch einige Abschnitte schon veröffentlicht wurden. Dann ließ Koeppen wissen, er habe dieses große Vorhaben zugunsten eines weit kleineren, eines in den U.S.A. spielenden Romans *Maskenball* (mit dem aus seinem *Treibhaus* bekannten Politiker Keetenheuve im Mittelpunkt) zurückgestellt. Indes sind beide Romane, von denen man nun seit bald zehn Jahren hört, nie erschienen. Der 1961 publizierte Band *Reisen nach Frankreich* ist Koeppens bisher letztes Buch.

Unter diesen Umständen mag eine gewisse Gereiztheit unserer ohnehin zur Ungeduld neigenden literarischen Welt fast begreiflich sein; und daß bei jedem guten Schriftsteller, zumal bei einem Autor wie Koeppen, eine längere Pause etwas Beunruhigendes und Dramatisches an sich hat, ist eine Trivialität. Aber man sollte es doch endlich unterlassen, ihn immer wieder mit jenen Fragen zu bedrängen, deren Beantwortung in der Regel nichts ergibt. Gewiß, der Prozeß der Entstehung eines Kunstwerks sollte nicht mystifiziert werden; nur muß man sich damit abfinden, daß er – leider und glücklicherweise – rational nie ganz erfaßbar ist. Daher kann kein Schriftsteller überzeugend erklären, warum es ihm trotz vielfacher Bemühungen nicht gelingt, zu schreiben, was er schreiben möchte.

Vielleicht sollte man sich, statt Schuldige zu suchen, überlegen, ob Koeppens konsequente Zurückhaltung nicht eher Respekt abnötigt. Denn es scheint doch offensichtlich, daß er – anders als mancher seiner Generationsgenossen – uns Unfertiges oder Mißratenes ersparen will. Sollte man ihm dafür nicht dankbar sein?

Mit dem Druck der literarischen Öffentlichkeit mag es auch zusammenhängen, daß jetzt ein kleiner Band verlegt wurde[2], der allerdings dieses Koeppensche »Schweigen« eher bestätigt als unterbricht. Es handelt sich um eine Sammlung von elf kurzen Prosastücken aus einem Zeitraum von fünfunddreißig Jahren. Meist sind es, reden wir offen, ziemlich schwache Stücke: flüchtige oder nebensächliche Gelegenheitsarbeiten oder auch Skizzen und Episoden, die wohl für Koeppens Bücher bestimmt waren, doch in die endgültigen Fassungen nicht aufgenommen wurden. Nur Krümel also und kein Brot.

Aber dies wäre noch kein Einwand gegen das Taschenbuch *Romanisches Café*. Von einem Autor, der den Roman *Tauben im Gras* (1951) geschrieben hat – ich zähle ihn nach wie vor zu den Höhepunkten der deutschen Literatur seit 1945 –, sind auch Marginalien, zumindest für die Freunde seiner Prosa, bedenkenswert. Gerade was ihm mißglückt ist oder was er, aus welchen Gründen auch immer, einst verworfen hat, kann für einen gewissen Leserkreis besonders aufschlußreich sein. So jedoch, wie dieses Buch verlegt wurde, ist es eher überflüssig und zum Teil sogar schädlich.

Eine knappe Notiz unterrichtet uns: »*Für den Autor sind diese Texte gegenwärtige Prosa. Er verzichtet auf die Angabe von Entstehungsdaten der verstreuten Veröffent-*

lichungen. Der früheste Text stammt von 1936, der jüngste von 1971.« Die Folgen dieser leichtsinnigen Entscheidung sind einigermaßen verheerend.

Da gibt es eine Geschichte *Der Sarkophag der Phädra*: Die Sache spielt im smarten und schicken Rennfahrermilieu, enthält aber zugleich eine Fülle mythologischer Verweise und Anspielungen. Der Rhythmus der Koeppenschen Diktion ist unverkennbar, streckenweise geht von dieser Prosa, wie es ihrem Gegenstand angemessen scheint, etwas Dynamisches aus. Manche Passagen hingegen nähern sich einer boshaften Koeppen-Parodie. Ein sonderbarer und disparater, vermutlich rasch verfaßter Text.

Das widerspruchsvolle Stück wirkt weniger mysteriös, wenn man den Hintergrund kennt: Die Arbeit wurde 1950 für eine Illustrierte geschrieben. Koeppen wollte ihre Leser reell bedienen und zugleich seine schriftstellerische Eigenart retten und gute Prosa liefern. Natürlich konnte ein solches Experiment nicht gelingen. Meine Informationen hierüber verdanke ich nicht etwa einer düsteren und dubiosen Quelle, sondern dem 1968 (ebenfalls bei Suhrkamp) erschienenen Sammelband *Aus aufgegebenen Werken*, in dem die Geschichte bereits zu finden war. Entstehungsdatum und Begleitumstände dieses kuriosen Produkts bleiben jetzt unerwähnt, richtiger: Sie werden verheimlicht. Denn Koeppen offeriert es ja als »gegenwärtige Prosa« – und schadet so seinem Ruf.

Eine andere Arbeit des Bandes *(Verlobung im alten Salon)* konnte man in den fünfziger Jahren in einer

Anthologie lesen,[3] schon damals mußte man sich, ge-
linde gesagt, wundern. In der Episode, die aus einer
erheblich früheren Periode stammen dürfte, erinnert
nichts an Koeppens Stil und Rang. Vielleicht war dieses
süßliche, sentimentale Stück gleichfalls für eine Illustrierte (aber wohl eher der dreißiger Jahre) verfertigt?
Daß Koeppen derartiges tatsächlich als seine »gegenwärtige Prosa« verstanden wissen will, läßt sich kaum
glauben.

Kurzum: Diese Sammlung ist nicht einmal für die
passionierten Freunde Koeppens nützlich, weil sie eben
jene Auskünfte verweigert, die den Abdruck der meisten
Stücke erst rechtfertigen könnten. Als Trost bleibt, daß
hier neben der lapidaren, zu Recht berühmten Vision
des einstigen Romanischen Cafés in Berlin noch zwei
weitere Stücke authentischer Koeppen-Prosa offeriert
werden. In der autobiographischen Skizze *In meiner
Stadt war ich allein* geht die persönliche Erinnerung in
eine Geschichte über, der konkrete Bericht verwandelt
sich fast unmerklich in eine emphatische Dichtung,
doch diese Dichtung verliert nicht die Sachlichkeit und
Präzision eines nüchternen Berichts.

Zum ersten Mal in Rotterdam, das andere bemerkens-
werte Stück, wird wohl Mitte der fünfziger Jahre entstanden sein, damals also, als sich der erfolglose Romancier Koeppen der Reiseschilderung zugewandt
hatte, ohne auf das Epische verzichten zu wollen. Der
kurze Text enthält denn auch die Geschichte eines Mannes ebenso wie die (überaus anschauliche) Beschreibung einer Stadt – und hier wie da dominiert, was die

besten Bücher Koeppens auszeichnet: poetische Gesell-
schaftskritik aus der Sicht eines unruhigen und gleichwohl genau beobachtenden, eines sensiblen und virtuos
formulierenden Außenseiters.

Sollte sich nicht die Wissenschaft seines Werks endlich annehmen? Worauf wartet eigentlich die Germani-
stik? Übrigens wurde ein Anfang schon gemacht und
ein sehr beachtlicher, aber bezeichnenderweise nicht
hierzulande: Dietrich Erlachs von der Universität Uppsala soeben als Dissertation angenommene Untersu-
chung[4] behandelt zwar Koeppens Gesamtwerk, doch
vor allem (und sehr zu Recht) seine Romantrilogie aus
den fünfziger Jahren. Erlach akzentuiert stark die
gesellschaftlichen und politischen Bezüge, weiß aber
auch über formale Aspekte und literarhistorische Zu-
sammenhänge Aufschlußreiches zu sagen.

Interessant, daß Erlach in seiner Analyse immer wieder auf die Koeppen-Rezeption in der Bundesrepublik
eingeht – und dies bei aller wissenschaftlicher Kühle
nicht ohne Engagement und keineswegs unpolemisch.
So bietet dieses Buch, fast unbeabsichtigt, auch einen
Beitrag zur Geschichte der deutschen Literaturkritik
nach 1945.

1973

WAHRHEIT, WEIL DICHTUNG

Die Frage, wozu wir die Dichtung brauchen, wird mit
Vorliebe dann gestellt, wenn wir nicht ganz sicher sind,
ob wir eine zeitgenössische Literatur überhaupt noch
haben. Daher scheint diese unbequeme Frage bei uns
seit mindestens zehn Jahren dringlicher denn je. Aber
sie ist uralt, vermutlich kaum jünger als die Literatur
selber. Gleichwohl muß diese Frage stets wiederholt
werden, sie darf schon deshalb nie in Vergessenheit geraten, weil der Zweifel an der Nützlichkeit, ja sogar an
der Notwendigkeit der Literatur ihr nie geschadet und
häufig geholfen hat. Diesem Ast bekommt es gut, wenn
man an ihm sägt: Die Diskussion um den Sinn und den
Zweck der Literatur trägt oft zu einem Klima bei, das
die Entstehung neuer literarischer Werke anregt und
begünstigt.

Dabei ist offenbar belanglos, daß diese Diskussion
noch nie zu einem rechten Ergebnis geführt hat. Denn
die Frage, um die es hier geht, läßt eine abschließende
Antwort gar nicht zu. Die Kunst ist engagiert und
zwecklos zugleich. Sie ist nicht mehr als ein Spaß (freilich ein erhabener) und ein Spiel, dem es allerdings
am tiefsten Ernst nicht mangelt. Und sie ist nicht weniger als ein Zeichen des Strebens nach Vollendung und
der höchste Ausdruck aller menschlichen Bemühungen.
Jener Poet, der vor Jahrtausenden kühn und, wie wir
längst wissen, nicht zu Unrecht erklärte, er habe ein

Monument errichtet, das dauerhafter sei als Erz, deutete den geheimsten Wunsch aller Künstler an: Nicht die Welt zu verändern (obwohl dies ein Vergnügen ist, auf das man so schnell nicht verzichtet), sondern zu schaffen, was bleibt.

Damit mag es zusammenhängen, daß die beunruhigende Frage nach der Daseinsberechtigung der Literatur nie die Kritik, die Wissenschaft, die Theorie beantworten kann. Denn alle Argumente jener, die sich der Verteidigung der guten Sache annehmen, sind vergeblich, wo dem literarischen Text, und sei er noch so gescheit und weise, die Kraft und die Aura der Kunst fehlen. Und alle Fragen und alle Zweifel werden gegenstandslos angesichts der authentischen Poesie. Anders ausgedrückt: Die Antwort, was und wozu Literatur denn sei, kann immer nur von der Literatur kommen, sie verteidigt sich am wirkungsvollsten durch sich selbst. So kann ein einziges kleines Buch genügen, um die Frage nach dem Nutzen, den wir hier und heute von der Literatur haben, gleichsam vom Tisch zu fegen. Ein solches Buch ist Wolfgang Koeppens *Jugend*.[1]

Einordnen läßt sich dieses Prosawerk kaum. Es ist weder ein Bericht noch eine Chronik, weder eine Skizze noch eine Erzählung. Auch bietet es weder ein Selbstporträt noch eine Autobiographie. Nur eine Dichtung ist es und nicht mehr als ein Fragment. Doch sind damit bereits die beiden wichtigsten Elemente der *Jugend* bezeichnet: das Poetische, das auf jeder Seite dieser Prosa spürbar ist, und das Bruchstückhafte, hinter dem sich ein ästhetisches Programm verbirgt. Koeppens Buch ist nicht Dichtung und Wahrheit, sondern Wahrheit weil Dichtung. Und es ist auf seine Weise vollendet, nicht obwohl, sondern weil es als Fragment konzipiert war und es glücklicherweise auch geblieben ist.

Dieser Rückblick auf eine Jugend täuscht keine formale Ganzheit vor: Er hat weder einen Anfang noch ein Ende, er ist offen. Und wie in jedem Fragment, das als solches beabsichtigt war, deutet die offene Form jenes Suchen an, das sich nie erfolgreich beenden läßt: Die Form signalisiert die Unmöglichkeit, eine Lösung zu finden. Wenn Koeppen in einem vor bald drei Jahren geführten, doch erst unlängst publizierten Gespräch das »Geheimnis des Fragments« erwähnt[2], so ist damit letztlich wohl nichts anderes gemeint als die Unendlichkeit des Stoffes, auf die jedes Fragment wie von selbst verweist, nämlich schon dank seiner Existenz.

Im selben Gespräch beruft sich Koeppen auf Novalis, in dessen Notizen und Aufzeichnungen er eine »innere Autobiographie« sieht. In der Tat ist das Buch *Jugend* in weit höherem Maße als die vorangegangenen Werke Koeppens der deutschen Romantik verpflichtet. Hierbei geht es weniger um Vorbilder als vor allem um das Lebensgefühl, das diese Prosa auf ebenso diskrete wie unverkennbare Weise formuliert. Romantisch ist Koeppens souveräner Individualismus, den der Zeitgeist nie zu beeinträchtigen vermochte, romantisch ist sein herausfordernder und gleichwohl demütiger Subjektivismus, romantisch ist die paradoxe Verbindung von Weltflucht und Lebenshunger: Er möchte der Welt den Rücken kehren und sie dennoch genießen. Und was er ablehnt oder doch anzweifelt, muß er auch bewundern, was ihn schaudern läßt, fasziniert ihn zugleich. Das Land der Jugend mit der Seele suchend, findet er den Schatten des Todes; die Bettlaken, die seine Mutter ausbessert, vergleicht er mit Leichentüchern; die graue See scheint ihm »eine unendliche Grabplatte«, die Orte seiner Zuflucht sind Friedhöfe.

Romantisch schließlich ist Koeppens, des Schwermütigen und Hoffnungslosen, stille und dunkle Ahnung von der großen Vergeblichkeit. Die Engel, die jene erlösen können, die immer strebend sich bemühen, kennt Koeppen nicht. Seine Engel sind Todesboten. Wenn in diesem Buch von Fahnen die Rede ist, dann sind es die weißen Fahnen der Niederlage und die schwarzen Fahnen der Anarchie. Es gibt keinen Sieg, es kann keinen geben. Denn: »Wir sind von Anbeginn verurteilt.«

Aber Koeppen hat kein philosophisches Buch geschrieben. Seine Wahrheit geht vom Konkreten aus und bewährt sich am Konkreten, seine Dichtung lebt vom Sinnlichen. Was hier metaphysisch gemeint sein mag, ist zugleich gegenständlich und anschaulich. Und das Gegenständliche und Anschauliche verweist immer auch auf eine andere Ebene, es hat noch einen zweiten Sinn, einen doppelten Boden: In seiner Prosa gewinnen die Realien die Qualität poetischer Symbole, und die poetischen Symbole haben die Gegenwärtigkeit der greifbaren Realität. Mit anderen Worten: Was immer Koeppen erzählt, es gerät im, ob er es will oder nicht, zum Gleichnis.

Indes: ein Gleichnis wovon und wofür? Müßte man

den Inhalt des Buches mit wenigen Worten wiedergeben, dann könnte man vielleicht sagen, in ihm gehe es um die Einsamkeit des Individuums innerhalb der Gesellschaft und um das Los des Außenseiters, der sich weder einfügen noch anpassen will, der sich vielmehr der überkommenen moralischen Ordnung mit ihren längst ausgehöhlten Regeln, Geboten und Konventionen auf seine Weise, halb rebellierend und halb fliehend, zu entziehen versucht, und dies, ließe sich hinzufügen, vor dem Hintergrund einer norddeutschen Universitätsstadt in der Zeit etwa von 1913 bis 1925.

Doch was eine solche dürre Wiedergabe suggeriert, bietet das Buch *Jugend* gerade nicht: Koeppen verzichtet auf eine zusammenhängende Geschichte. Er mißtraut der Fabel, die dem Romancier zwar die übersichtliche Präsentation des Stoffes erleichtert, ihn aber gleichzeitig zu einer vereinfachenden oder gar verfälschenden Darstellung verführen kann. Die traditionelle Fabel empfindet Koeppen inzwischen, so scheint es, als eine Art Korsett, in das sich das Leben nicht zwängen läßt, oder vielleicht auch als ein Hilfsmittel, eine Krücke, deren er nicht mehr bedarf. Jedenfalls ist sein Buch ein Fragment aus Fragmenten. Daß es gleichwohl ein Ganzes ist, verdankt es seinem Stil, was auf die Sprache dieser Prosa ebenso abzielt wie auf ihre (fast makellos durchgehaltene) Stimmung. Eine derartige Unterscheidung ist eigentlich schon unzulässig. Denn Diktion und Atmosphäre bedingen und erzeugen sich hier gegenseitig, Sprache und Stimmung bilden bei Koeppen eine unzertrennliche Einheit.

»Ich glaubte damals, aufzuwachen«, heißt es in dem Buch *Jugend*, »aber die Wahrheit ist wohl, daß mein Schlaf sich in einem Traum verlor. Ich sah mich in diesem Traum agieren...« Der Koeppen der siebziger Jahre ist, um ein berühmtes Wort von Friedrich Schlegel abzuwandeln[3], ein rückwärts gekehrter Träumer. Die einzelnen Fragmente sind Wachträume voller Realität und doch immer auch an der Grenze der Realität. Und wie in einem Traum ist die Welt, die Koeppens Dichtung beschwört, in weite Ferne gerückt und trotzdem scharf und genau sichtbar. Ein Anhänger der in der deutschen Literatur allzu beliebten Dämmerung war Koeppen nie: Das Licht, in das er die Figuren und Vorhänge in dem Buch *Jugend* taucht, ist hell und überhell und bisweilen auch unbarmherzig.

Nur wenn er von seiner Mutter spricht, dämpft und mildert Koeppen das Licht. Die Linien verfließen, und das Porträt wird, was es sein soll: verschwiegen und doch vielsagend, sehr zart und überhaupt nicht sentimental. Der Mutter ist der erste Satz des Buches gewidmet ebenso wie der letzte. In ihrer lediglich in vagen Umrissen erkennbaren Geschichte paraphrasiert Koeppen das im Mittelpunkt des Fragments *Jugend* stehende Außenseitermotiv, ihr Schicksal dient, wenn der technisch anmutende Ausdruck erlaubt ist, als Folie, die den späteren Weg des Sohnes in die Isolation verständlich macht: Er ist das Kind »eines in die Luft Gestiegenen, in Wolken Entschwundenen«, und die junge Mutter, »gebrandmarkt auf dem Altar der hämischen Göttin Sitte, untertan der einsichtslosen gebärsüchtigen Natur«, begreift sofort, was ihr in der wilhelminischen Kleinstadt bevorsteht:

»Der Schrei in ihr wurde nicht laut, sie unterdrückte ihn, er erstickte sie, denn ihr war gewiß, daß sie nun werde flüstern müssen ihr Leben lang, sie faßte es nicht, ertrug es nicht, daß dies ihr Leben war, sie wehrte sich, sie schlug sich, aber es war nicht abzuschütteln, dies, was ihr auferlegt war, das Entsetzen, das in ihr war, in ihrem Leib wuchs und mit ihr ging und bei ihr blieb und bleiben würde, und überall in der Stadt, auf jeder Straße, hinter jedem Fenster, in allen Stuben waren Augen, die sie maßen, Finger, die auf sie wiesen, Münder, die sie höhnten.«

Die Bitterkeit der Mutter schlägt beim Sohn in Aggressivität um, der Schmerz in Empörung, die Leiden in Wut und Haß. Der Junge will nicht mitmachen, er sieht »in allen möglichen Daseinsformen nur Verkleidungen«, und jede scheint ihm verwerflich: »Ich hatte mir nichts vorgenommen, nicht einmal die Ziellosigkeit; nur steuerte ich beharrlich von den anderen fort, und das war es, worauf es mir ankam.« Und: »Ich ging absichtlich gebeugt. Ich wünschte mir eine Buckel. Ich wollte ausgestoßen sein.«

Aus der Sicht eines Ausgestoßenen, einer Sicht, die Nähe und Distanz zu verbinden weiß, schildert Koeppen eine Welt, in der »die Ordnung streng und die Sitte auf eine wiederum von der Sitte gebilligte Weise gefährdet ist«. Er skizziert, oft nur mit wenigen Sätzen, die Orte, die für diese Welt (vor dem Krieg, während des Krieges und auch noch später) charakteristisch sind: einen Herrensitz, den Kasernenhof, ein anrüchiges Lokal, eine militärische Erziehungsanstalt, eine Theatergarderobe, Läden und Kinos, Straßen und Plätze, er beschreibt eine Beerdigung und eine Theaterprobe, einen deutschen Professor und einen deutschen Richter. Und immer wieder wird an die drei außerhalb der Stadt gelegenen Institutionen erinnert: an das Gefängnis, die Irrenanstalt und den Friedhof. Das Buch zeigt auch – in prägnanteindringlichen Abschnitten – die Faszination, die auf die junge Generation der frühen zwanziger Jahre die neuen Parolen ausgeübt hat: der Schrei des Expressionismus und die Visionen des Kommunismus.

Koeppen hat sein ganzes Werk als den »Versuch eines Monologs gegen die Welt« bezeichnet. Das gilt erst recht für das Fragment *Jugend*. Aber es läßt auch, ähnlich wie alle vorangegangenen Bücher dieses großen Schriftstellers, die Antinomie als Grundzug seines Wesens erkennen: Diese bittere Elegie ist insgeheim auch ein Plädoyer für die Schönheit des Lebens, die verzweifelte Klage geht unmerklich in eine verzückte Hymne über, im empörten Protest gegen die Ungerechtigkeit verbirgt sich ein leidenschaftliches Preislied auf den Reiz des Daseins. Der Monolog gegen die Welt ist schließlich doch ein Monolog für die Welt.

In dem Buch *Jugend* wird einmal beiläufig der »drängende Atem der Liebenden unter dem Gebüsch in den Ruderbooten des Sommers« erwähnt. Mit dieser Wendung könnte man vielleicht auch andeuten, was Koeppens heftige, rhythmische Sätze, seine fortreißenden Wortkaskaden auszeichnet: Sie lassen den »drängenden

Atem der Liebenden« spüren. Dies ist erotische Prosa in des Begriffes tiefster Bedeutung. Mit Koeppens vollendetem Fragment *Jugend* hat die (leider nicht zu Unrecht) vielgeschmähte deutsche Gegenwartsliteratur einen überraschenden Höhepunkt erreicht. Ein neuer Maßstab ist gesetzt – für die Dichter ebenso wie für uns, die Kritiker.

»Ich nehme es für mich als ganz selbstverständlich hin«, sagte Koeppen in dem vorher zitierten Gespräch, »daß ich einen Publikumserfolg im Sinne eines Bestsellers niemals haben werde.«[4] Das trifft leider zu. Aber das muß nicht so bleiben. Das hängt von den deutschen Lesern ab und auch von den Buchhändlern. In ihrer Macht ist es, Wolfgang Koeppens Befund zu widerlegen.

1976

GEMEIN MIT JEDERMANNS ANGST

In Wolfgang Koeppens Aufsätzen über Literatur finden sich weder Untersuchungen noch Analysen. Sie enthalten auch keine Plädoyers oder gar Richtsprüche. Ein Wissenschaftler, ein Literarhistoriker ist Koeppen nicht. Und der Ehrgeiz, als Kunstrichter zu fungieren, war ihm immer fremd.

Gewiß, er hat im Laufe der Jahre und Jahrzehnte Hunderte von Rezensionen und Interpretationen von Essays und Porträts verfaßt. Doch für das Geschäft dessen, der sichten, ordnen und werten muß, der zu polemisieren und zu postulieren hat, mochte er sich nie erwärmen. So kann er auch schwerlich als Kritiker gelten.

»Nur ein Gelehrter« sei er, erklärte dereinst Emile Zola. Ähnlich könnte Koeppen sagen: »Ich bin nur ein Berichterstatter.« Denn seine Arbeiten über Bücher und Schriftsteller sind zunächst und vor allem Mitteilungen und Rapporte eines Lesers, Aussagen eines Zeugen, Rechenschaftsberichte eines Beobachters und schließlich Bekenntnisse eines Verliebten. Allerdings ist er ein ungewöhnlich neugieriger, ein geradezu passionierter Leser, ein zwar nüchterner, doch immer wieder verwunderter Zeuge, ein ebenso scharfsinniger wie zärtlicher Beobachter, ein Verliebter, den die Liebe nicht blind macht.

Ihre Entstehung verdanken diese Aufsätze stets äußeren Anlässen. Es sind Jubiläumsartikel und Rezensio-

nen von Neuerscheinungen, Einleitungen oder Nach-
worte, Reden und aktuelle Kommentare, es sind immer
– das gilt auch für die Gedichtinterpretationen – typische Auftragsarbeiten. Doch waren Redakteure, Verleger oder Rundfunkleute, die Koeppen mit Bitten um
Manuskripte bedrängten, immer nur dann erfolgreich,
wenn sie ihm Themen und Aufgaben vorschlugen, an
denen er ohnehin interessiert war.

Daran hat sich bis heute nichts geändert: Koeppen
gleicht dem Weisen, von dem es in Brechts *Legende von
der Entstehung des Buches Taoteking* heißt, daß man
ihm seine Weisheit erst entreißen müsse – auch Koeppen braucht den Zöllner, der »sie ihm abverlangt«. Denn
dieser Autor, der seit bald einem halben Jahrhundert
den Beruf eines freien Schriftstellers ausübt, dessen
Romane aus den fünfziger Jahren längst zu den wichtigsten Dokumenten der deutschen Epik nach 1945 gehören, schreibt, so will es scheinen, nur wenn er muß,
jedenfalls aber sehr ungern.

Er ist ein professioneller Literat, der das literarische
Leben konsequent meidet und der sich immer den Einflüssen des literarischen Betriebs zu entziehen weiß.
Ein routinierter Schreiber war er nie und ist es auch
heute nicht: Die Artikel noch des siebzigjährigen Koeppen lassen neben einer umfassenden und vielseitigen
Bildung sein temperamentvolles, sein bisweilen jugend-
lich anmutendes Engagement erkennen. Sie zeugen von
jener enthusiastischen Dankbarkeit, ohne die man sich
mit der Dichtung auf die Dauer nicht befassen kann.
Aus ihnen spricht immer wieder jene offenbar unver-

wüstliche Lust an der Verehrung, die manch einem etwas naiv vorkommen mag und die dennoch alle charakterisiert, die im Zeichen der Poesie leben und deren Heimat – mitunter haben sie keine andere – die Literatur ist.

Mit Koeppens Bedürfnis zu bewundern mag es auch zusammenhängen, daß ihm in seinen Arbeiten über Schriftsteller und ihre Werke in der Regel nicht an der Diskussion gelegen ist und nicht an der polemischen Auseinandersetzung. Anderes hat er im Sinn: Er will literarische Gegenstände sichtbar und spürbar und ihre Urheber verständlich machen. Ohne Umschweife und ohne sich viel um Theorie zu kümmern, liefert Koeppen seinen Lesern Auskünfte und Impressionen, Zitate und Reflexionen, Beispiele und Erinnerungen, Momentaufnahmen und Schilderungen. Eine Methode läßt sich dabei nicht ausmachen, es ist stets eine ungezwungene Folge, ein lockeres Geflecht. Aber von Willkür oder Zufall kann ebensowenig die Rede sein. Denn früher oder später zeigt sich, daß alle diese Elemente als Mosaiksteine dienen: Sie fügen sich – bisweilen fast unmerklich – zu einem Ganzen zusammen.

Flauberts *Reisetagebuch aus Ägypten* verdanke seinen Reiz – schreibt Koeppen – dem »Unmittelbaren«. Dieses sei jedoch »nicht nur die Wirklichkeit, die sich der Reporter heimbringt, sondern die Wahrheit, die sich einem Empfindsamen einprägt«[1]. Das gilt für ihn selber. Ähnlich wie in seinen berühmten Reisebüchern bietet er auch in seinen Aufsätzen über die Literatur beides in einem: Er referiert die überprüfbaren Fakten, er wird der dem Berichterstatter zugänglichen Realität gerecht; und er ist bemüht, in jene Bereiche vorzustoßen, die sich nur dem Empfindsamen offenbaren, dem Erzähler, dem Dichter. Mit anderen Worten: Diese Arbeiten sind belehrende sachliche Rapporte und zugleich suggestive Visionen.

So ist Koeppens Literaturbetrachtung frei vom Staub der Archive und Bibliotheken. Sie strotzt vielmehr – nicht anders als seine Epik – von Licht und Farbe, von Tönen und Klängen, von Formen und Gestalten, sie atmet das Aroma des Lebens. Auch der Essayist Koeppen bewährt sich als ein Meister der sinnlichen Vergegenwärtigung: Was er über die Literatur zu sagen hat, ist ebenso konkret wie anschaulich.

Diese eminente Anschaulichkeit der Darstellung trägt dazu bei, daß die Einsamen und Einzelgänger, deren Konturen der einsame Einzelgänger Wolfgang Koeppen nachzeichnet, niemals als isolierte, von ihrer Umwelt gleichsam unabhängige Individuen erscheinen. Im Gegenteil: Ob Chamisso oder Shelley, Hesse oder Hemingway, Wilde oder Walser – wir sehen sie vor einem meist nur mit wenigen Strichen skizzierten und dennoch deutlichen historischen, gesellschaftlichen und kulturgeschichtlichen Hintergrund. Und immer wieder zeigt Koeppen, daß jene, die – wie Kleist oder Karl Kraus, wie Henry Miller oder die Dichter des deutschen Expressionismus – direkt oder indirekt gegen die Verhältnisse in ihrer Zeit rebellierten, gleichwohl typische Geschöpfe ebendieser Zeit waren. Und selbst wenn er von einem Schriftsteller erzählt, der, wie Grimmelshausen, vor

Jahrhunderten gelebt hat, machen seine Sätze den Pulsschlag der Epoche vernehmbar – der unsrigen und jener
Grimmelshausens.

Immer gilt seine Liebe den Nichtdazugehörenden,
die sich überall fremd fühlen, den Nonkonformisten,
die ihren Platz nicht finden können und meist auch
nicht finden wollen, den frommen Sündern und den ge-
fallenen Engeln, den Siegern, die leer ausgehen und
unglücklich bleiben, und den Besiegten, deren Werk
schließlich doch triumphiert, wenn auch oft erst nach
ihrem Tod.

Ein Schriftsteller schreibt hier über Schriftsteller.
Über seine Kollegen also, über Seinesgleichen? Unange-
messene Vertraulichkeit läßt sich Koeppen nie zuschul-
den kommen. Er, der sich über seine Zeitgenossen nur
dann äußern will, wenn er ihre Leistungen anerkennen
kann, vergißt den Abstand nie, der ihn von den Großen
der Vergangenheit trennt. Aber seine Porträts verbinden
den höchsten Respekt mit einer Intimität, die außergewöhnlich ist und sich doch nie der Indiskretion nähert.
Denn Koeppen kennt die Qualen jener, die schreibend
die Welt erkunden und durchdringen und bisweilen sogar erobern wollen und die gleichwohl, selbst wenn
ihnen Erfolge vergönnt sind, Außenseiter bleiben.

Er, den immer schon die Grenzbezirke, die Abgründe
des Daseins faszinierten, hat eine Schwäche für alle, die
dem Sog dieser Abgründe nicht widerstehen können.
Doch ist es nicht ein barmherziger Chronist, der da
von ihren Leiden berichtet, sondern ein mit-leidender
Ästhet. Ob Balzac oder Lautréamont, Oscar Wilde oder

Jack London, Döblin oder Babel – er sieht die Schriftsteller als Opfer: des Alkohols und des Rauschgifts, der
Liebe und der Phantasie, des Geschäfts und der Gesellschaft. In ihnen, den Sorgenkindern des Lebens, die er
auch für dessen Sündenböcke hält, erkennt Koeppen
seine Brüder, ihnen, den meist Untüchtigen, wenn auch
Genialischen, fühlt er sich verwandt und verpflichtet.
Über Chamisso, einen dieser Zerrissenen, schreibt er:
»Es war ein Angsttraum, in dem er lebte, fatal und
schön, im Gefühl, ausgestoßen und zugleich erwählt zu
sein.«[2] Koeppen feiert die Elite der Ausgestoßenen.

Woran scheitern sie eigentlich, die Verstrickten und
Verzweifelten, die Gestrauchelten und Gestürzten?
»Shelley war nichts – nur ein Dichter.« Und: »Was
Shelley bürgerlich oder aristokratisch scheitern ließ,
war Poesie.«[3] Einen seiner unheroischen Romanhel-
den nannte Koeppen »einen Amokläufer der Liebe«. Die
Helden seines Buches über die Literatur sind Amokläu-
fer der Poesie – wie Kleist und Kafka, wie Flaubert und
Marcel Proust.

Oft ist hier die Rede von der Flucht aus dem Leben in
die Dichtung. Sollten auch diese Essays Zeugnisse einer
fortwährenden Flucht sein? Bisweilen mag man den
Eindruck haben, ihr Autor kehre dem Leben den Rük-
ken und suche immer aufs Neue bei der Literatur Asyl.
Dies aber trifft schon deshalb nicht zu, weil es für Koeppen eine derartige Zweiteilung nie gegeben hat: Für ihn
war und ist die Dichtung ein Bestandteil des Lebens.

Seine Aufsätze weisen über ihre Gegenstände hinaus: Wenn er über Bücher und ihre Autoren schreibt,

schreibt er über ungleich mehr als über die Literatur. Indem er von schwierigen Kämpfen, von häufigen Niederlagen und seltenen Siegen spricht, empört er sich gegen die Herzensträgkeit der Menschen. Sie, die elenden Skribenten, stehen hier für alle, die sich mit der Welt, wie sie ist, nicht abfinden können.

1981

DER DICHTER DER
AGGRESSIVEN RESIGNATION

Wenn gewisse Äußerungen hervorragender Schriftsteller oder Philosophen von Generation zu Generation weitergereicht und immer wieder zitiert werden, so hat das in der Regel seine guten Gründe: Nicht aus Bequemlichkeit beruft man sich auf dieselben Formulierungen, sondern weil es – zumindest in den meisten Fällen – Worte sind, die tatsächlich den Nagel auf den Kopf treffen. Auf einen bestimmten, oft individuellen Sachverhalt abzielend, gehen sie zugleich, ohne daß dies beabsichtigt wäre, weit über ihn hinaus: Sie sind übertragbar.

Als Goethe in »Dichtung und Wahrheit« die Leser mit der Erklärung verblüffte – denn damals war es eine verblüffende Erklärung –, alle seine so unterschiedlichen Arbeiten seien »nur Bruchstücke einer großen Konfession«[1], da meinte er bloß das eigene Werk. Indes gilt der knappe Befund auch für viele andere, doch keineswegs für alle bedeutenden Autoren. Er trifft übrigens eher auf die Lyriker und die Romanciers zu als auf die Dramatiker – und wohl deshalb, weil diese am wenigsten zur direkten Selbstdarstellung neigen: Die Romane und Erzählungen Franz Kafkas oder Hermann Hesses, die Gedichte Georg Heyms oder Georg Trakls lassen sich sehr wohl als »Bruchstücke einer großen Konfession« begreifen, doch nicht die Dramen Gerhart Hauptmanns oder jene Bertolt Brechts.

Allem Anschein nach haben den Erzähler und Essayisten Wolfgang Koeppen derartige Fragen, sofern es um seine eigenen Bemühungen ging, nie ernsthaft beunruhigenden können. Das soll heißen: *Er* hatte überhaupt keine Wahl. Für ihn war Literatur von Anfang an nichts anderes als Selbstdarstellung, also eben Konfession. Und wenn das, was er schrieb, einen Zweck hatte, dann war es vor allem die (mehr oder weniger geheime) Selbstverteidigung. Verteidigung – müssen wir gleich fragen – wogegen?

Wer *Jugend*, Koeppens autobiographisches Buch aus dem Jahre 1976 kennt, ist versucht zu antworten: gegen die Gesellschaft, in die er hineingeboren wurde, genauer, gegen eine Gesellschaft, von der eine unverheiratete Mutter »auf dem Altar der hämischen Göttin Sitte« gebrandmarkt und deren Sohn fortwährend schmerzlich gekränkt wurde. Indes wäre dies eine zwar nicht unbedingt falsche, doch allzu enge und allzu oberflächliche Deutung.

Man sollte sich hüten, die biographischen und zeitgeschichtlichen Umstände, die natürlich auf Koeppens Weg und Werk Einfluß hatten, zu unterschätzen oder gar zu ignorieren. Aber ebenso fahrlässig wäre es, die Ergebnisse mit den Anlässen zu verwechseln. Anders ausgedrückt: So wichtig in Koeppens Prosa die gesellschaftlichen Elemente auch sind, so wenig kann man ihr mit derartigen Kriterien und Kategorien gerecht werden. Sein Protest ist tiefer und radikaler zugleich.

In dem Buch *Jugend* erzählt Koeppen, wie er, damals ein Halbwüchsiger, in seiner Heimatstadt ein Gericht aufsuchen mußte. Es ist das Vormundschaftsgericht, es handelt sich offensichtlich um eine routinemäßige Vorladung, eine gänzlich belanglose Angelegenheit. Dennoch empfindet der Junge die Sache als demütigend. »Ich suchte« – schreibt Koeppen – »eine Tür und meinte einen Ausweg. Ich war angezeigt worden, von wem, von jedermann, keiner Tat bezichtigt ...« Was sich in dem Gericht abgespielt hat, erfahren wir nicht. Aber die Reaktion des Jungen ist exemplarisch: »Ich ging absichtlich gebeugt. Ich wünschte mir einen Buckel. Ich wollte ausgestoßen sein. Sie sollten es sehen.«

Der erwachsene Koeppen hatte es nicht nötig, absichtlich gebeugt zu gehen. Er brauchte keinen Buckel mehr. Er hatte andere Möglichkeiten, seine Leiden zu kompensieren, seine Ablehnung der Welt zu artikulieren. Denn er konnte schreiben. Aber die Situation des unehelich geborenen Knaben in jenem Vormundschaftsgericht ist und bleibt die Grundsituation der Epik Wolfgang Koeppens, zu der übrigens auch seine Reisebücher gehören und auch seine Aufsätze über Schriftsteller.

Was immer Koeppen erzählt, es sind Geschichten von Menschen, die vor vielen Türen stehen, doch keinen Ausweg finden. Wie Josef K. in Franz Kafkas *Prozeß* fühlen auch sie sich angeklagt, ohne zu wissen, was man ihnen vorzuwerfen hat. Sie sehen sich von einer feindlichen Welt umgeben. Über Friedrich, den melancholischen Helden des Romans *Eine unglückliche Liebe*, heißt es: »Die Welt stand wieder gegen ihn auf. Es war ohne Sinn und Verstand und nie zu begreifen.« Auch dem Baumeister Johann von Süde, von dem wir in dem Roman *Die Mauer schwankt* hören, erscheint die Welt unbegreiflich.

So streben Koeppens Menschen nicht einem Ziel zu, sondern wimmeln durcheinander wie Tauben im Gras, wie aufgescheuchte Vögel. Sie sind auf der Flucht vor einem Dasein, dessen Unheimlichkeit sie spüren, vor einer Welt, die ihnen sinnlos und rätselhaft erscheint: »Keiner weiß, warum wir hier sind, die Vögel werden wieder auffliegen, und wir werden weitergehen.« Sie alle wollen, wie jener Knabe in der *Jugend*, ausgestoßen sein. Es ist ihr Programm, ihr *einziges* Programm. Auch dies gilt für alle Bücher Koeppens. Denn seine erfolgreichen und berühmten Reisebücher – was sind sie anderes als poetische Rapporte von der Suche nach dem verlorenen Ich. Und in den Aufsätzen des Bandes *Die elenden Skribenten*, in denen er Schriftsteller aus Vergangenheit und Gegenwart porträtiert, besingt Koeppen immer wieder gerade die Verzweifelten, die Gestrauchelten und die Gestürzten.

Immer gilt seine Liebe den Nichtdazugehörenden, die sich überall fremd fühlen, den Nonkonformisten, die ihren Platz nicht finden können und meist auch nicht finden wollen, den Siegern, die leer ausgehen und unglücklich bleiben. Er hat eine Schwäche für alle, die den Grenzbezirken, den Abgründen des Daseins nicht widerstehen können. In ihnen, den Sorgenkindern des Lebens, die er auch für dessen Sündenböcke hält, erkennt Koeppen seine Brüder, ihnen, den meist Untüchtigen, wenn auch Genialischen, fühlt er sich verwandt und verpflichtet. Über Chamisso, einen dieser Zerrissenen, schreibt er: »Es war ein Angsttraum, in dem er lebte, fatal und schön, im Gefühl, ausgestoßen und erwählt zu sein.« Koeppen feiert die Elite der Ausgestoßenen.

Seine Essays zeigen deutlich, daß Koeppen, der Schwierige, vom Geschlecht der Heimatlosen ist: Von Einsamkeit getrieben, kann er sich bestenfalls von der Literatur erhoffen, was er braucht und was sich sonst nirgends finden läßt – Schutz und Zuflucht. Ja, er hat nur eine einzige Heimat: die Literatur. Das eben unterscheidet ihn von jenen deutschen Autoren, die in den fünfziger Jahren, als seine Romane *Tauben im Gras*, *Das Treibhaus* und *Tod in Rom* erschienen, in der Bundesrepublik im Mittelpunkt des Interesses standen: also von engagierten Schriftstellern wie Heinrich Böll, wie Alfred Andersch, wie der mittlerweile schon vergessene Gerd Gaiser.

Diese Erzähler haben der von ihnen kritisierten westdeutschen Gesellschaft allerlei Vorschläge, Angebote und Rezepte unterbreitet. Sie waren kühn oder vielleicht naiv genug, der von ihnen verurteilten Welt mehr oder weniger deutlich skizzierte Kontrastwelten entgegenzuhalten. So glaubte Böll, der Katholik, an die Einfalt, die Schlichtheit, an die Naivität. Andersch, der Exkommunist, blieb der Solidarität des kämpfenden Proletariats treu. Gaiser wiederum, der Nationalsozialist von gestern, ließ sich nach wie vor vom Mythos des Blutes und des Bodens faszinieren. Diese drei Autoren waren wie ihre Helden – Enttäuschte, die gleichwohl nicht resignieren wollten.

Natürlich ist auch Koeppen ein engagierter Schriftsteller. In der Rede, mit der er 1962 für den Büchnerpreis dankte, sagte er: »Ich sah den Dichter, den Schriftsteller bei den Außenseitern der Gesellschaft, ich sah
ihn als Leidenden, als Mitleidenden, als Empörer, als
Regulativ aller weltlichen Ordnung... Ich habe später
von der engagierten Literatur reden hören, und es verblüffte mich dann schier, daß man aus dem Selbstverständlichen, so wie man atmet, eine besondere Richtung oder eine eigene Mode machen wollte.«[2]
Aber was Koeppens Engagement von demjenigen eines Böll oder Andersch oder Gaiser unterscheidet, ist
die simple Tatsache, daß er nie für eine Ideologie oder
für ein politisches Programm plädiert hat. Die Erziehbarkeit des Menschen war für ihn immer nur eine Illusion, nie hat er an den Fortschritt geglaubt. So brauchte
er auch nie eine Enttäuschung zu erleben.

Er war von Anfang an ein Dichter der Resignation,
der freilich in den fünfziger Jahren zu einem Poeten
der *aggressiven* Resignation wurde. Das Ostinato seiner
Bücher ist die dunkle Ahnung von der großen Vergeblichkeit: Die Engel, die jene erlösen können, die immer
strebend sich bemühen, kennt Koeppen nicht. Seine Engel sind Todesboten. Und wenn bei ihm von Fahnen die
Rede ist, dann sind es die weißen Fahnen der Niederlage
oder die schwarzen der Anarchie. Einen Sieg gibt es
nicht, kann es nicht geben. Denn wir sind – wie es in
der *Jugend* heißt – »von Anbeginn verurteilt«. Nicht gegen eine Gesellschaftsordnung protestiert also Koeppen, sondern gegen die Existenz schlechthin.

Für seine Prosa gilt, was er im *Tod in Rom* eine seiner Figuren sagen läßt: »Ich stellte Fragen, eine Antwort wußte ich nicht, eine Antwort hatte ich nicht, eine Antwort konnte ich nicht geben.« Lösungsvorschläge oder gar Gegenentwürfe wird man also in diesen Büchern schwerlich finden. Sie bieten nicht Antworten, sondern Fragen. Sie beunruhigen, ohne zu trösten. Sie heilen nicht, sie verletzen.

Aus alldem könnte man folgern, Koeppens Werk sei hoffnungslos und düster, er kehre dem Dasein gleichsam den Rücken zu. Nichts trifft weniger zu als diese (freilich naheliegende) Vermutung. Ihn charakterisiert vielmehr die paradoxe, die romantische Verbindung von Weltflucht und Lebenshunger: Was diesen Erzähler schaudern läßt, fasziniert ihn zugleich. Er möchte sich von der Welt abwenden und sie dennoch genießen. Eine Dichtung, die vom Konkreten ausgeht und sich am Konkreten bewährt, die ihre unvergleichbare Kraft vor allem dem Sinnlichen verdankt, kann gar nicht düster sein. Gewiß, Koeppen hat schon recht, wenn er diese Bruchstücke einer großen Konfession als den »Versuch eines Monologs gegen die Welt« bezeichnet. Und doch muß man ihm widersprechen.

In dem berühmten Chandos-Brief beklagte einst Hugo von Hofmannsthal die Ohnmacht der Sprache; diese Klage aber formulierte er so wortgewaltig, daß der *Brief* die in ihm vorgetragene These von selbst widerlegte. Ähnlich verhält es sich mit dem Werk Wolfgang Koeppens. Ob er es wollte oder nicht – sein Protest gegen die Existenz ist insgeheim auch ein Plädoyer für den Reiz des Daseins. In seiner bitteren Elegie verbirgt sich zugleich ein Preislied auf die Schönheit des Lebens: Sein Monolog gegen die Welt ist schließlich doch ein Monolog *für* die Welt.

Daß Wolfgang Koeppen einer der originellsten Prosa-poeten, einer der vorzüglichsten Stilisten unserer zeit-genössischen Literatur ist – diese Feststellung gleicht heute nur noch einer kühnen Banalität. Schon in den fünfziger Jahren, als ihn viele attackierten und zu ignorieren versuchten, haben Alfred Andersch, Hans Magnus Enzensberger und Walter Jens seine Kunst be-wundert und gerühmt, schon damals wurde mit enthu-siastischen Superlativen nicht gespart. Später, in den sechziger Jahren, ließen sich seine Gegner kaum noch vernehmen: Man war sich in der Beurteilung Koeppens weitgehend einig, die Qualität seiner Prosa war schon unumstritten. So ist es bis heute geblieben.

Allerdings herrschte diese Einigkeit nur unter Litera-ten, die außerordentliche Wertschätzung Koeppens war Sache einer verhältnismäßig kleinen Minderheit. Auch dies hat sich bis heute nicht geändert. Während die Bücher von Max Frisch und Heinrich Böll, von Günter Grass und Siegfried Lenz Millionenauflagen erzielen, erreichen die seinigen stets nur Tausende oder besten-falls Zehntausende. Während die Namen der anderen in aller Munde sind, ist Koeppen, obwohl er längst mit den allerhöchsten Literaturpreisen ausgezeichnet wurde, paradoxerweise nach wie vor eine Art Geheimtip.

Hätten wir es also mit einem Autor vor allem für Lite-raten zu tun? Sollte dies tatsächlich der Fall sein, dann müßte man daran erinnern, daß ähnliches einst auch auf Robert Walser zutraf, auf Franz Kafka und Robert Musil – um nur Schriftsteller aus unserem Jahrhundert zu nennen. Den sonderbaren Eigenbrötlern, die sich um die literarischen Richtungen und Strömungen so wenig kümmerten wie um die Wünsche des Publikums, den besessenen Außenseitern, die ihre Ziele fast wie Amokläufer verfolgten, hatte die deutsche Literatur stets das meiste zu verdanken.

Einer von ihnen, einer dieser *elenden Skribenten*, die sich mit der Welt, wie sie ist, nicht abfinden können, ist Wolfgang Koeppen. Auch und gerade für ihn selber gelten seine Worte: »Jeder, der schreibt, webt weiter am großen Märchenteppich der Welt. Alle dichten das Prinzip Hoffnung…«[3]

1982

DER SPRECHER ALLER MINDERHEITEN

Wir lesen es in Zeitungen und Zeitschriften, wir hören
es im Rundfunk und im Fernsehen, es wird uns nun
schon seit zehn, seit zwanzig Jahren immer wieder gesagt: Er, Wolfgang Koeppen, ist verstummt, es hat ihm
die Sprache verschlagen, er kehrt dem literarischen Leben den Rücken, er entzieht sich dem ganzen Kulturbetrieb, er hat kapituliert, er ist gescheitert. Er wird,
meist ehrerbietig, als der große Verweigerer, der impo-
nierende Aussteiger apostrophiert: Koeppens Schweigen gehört zu den beliebten, den so düsteren wie unver-
wüstlichen Motiven unserer Feuilletons. Das alles ist in
der Tat sehr interessant. Nur hat es einen Fehler: Es
stimmt nicht.

Nie ist er, jedenfalls nach 1945, verstummt, nie hat er
das Publizieren aufgegeben, und es ist nicht richtig, daß
er sich dem Kulturbetrieb entziehen wollte. Die gän-
gigen und griffigen Kennmarken verfehlen das Thema:
Denn wer ohnehin von Anbeginn verurteilt und verdammt ist, kann sich schwerlich verweigern, wer sich
als ausgestoßen empfindet, kann nicht mehr aussteigen.
Wenn aber von einer Kapitulation gesprochen wird,
dann trifft das zwar zu, doch mit Koeppens Alter hat es
nichts zu tun: Schon seine Jugend stand im Zeichen
nicht nur der schwarzen Fahnen der Anarchie, sondern
zugleich der weißen Fahnen der Niederlage. Das ist er
denn auch bis heute geblieben – ein Dichter der Nieder-

lage, genauer: *seiner* Niederlage, in der wir die unsrige wiedererkennen.

Als man uns 1976 wieder einmal mit der Legende von Koeppens Schweigen bedrängte, erschien das Meisterwerk seiner späten Jahre, das vollendete Fragment *Jugend*, eines der Glanzstücke unserer zeitgenössischen Prosa. Was wir bis dahin nur vermuten oder ahnen konnten, das wurde uns hier in poetischen Bildern von nahezu schmerzhafter Deutlichkeit vor Augen geführt: jene Geschichte, die gleichsam die Keimzelle der Epik Wolfgang Koeppens bildet – und sogar seiner Essayistik.

Von dem Halbwüchsigen erzählt er, den man in der dumpfen, der engstirnigen Welt einer wilhelminischen Kleinstadt verhöhnt und diskriminiert. Denn er ist der Sohn einer in jeder Hinsicht armen Frau, einer, die Mutter wurde, ohne einen Ehemann zu haben. Es ist die Geschichte eines jungen Menschen, der von Anfang an nicht dazugehören darf, der sich ausgeschlossen fühlt und der aus lauter Trotz nie wieder dazugehören will: Er flüchtet sich in den Stolz auf seine Andersartigkeit, er versucht, sein Außenseitertum wie ein Banner vor sich zu tragen: »Ich war ein Ärgernis. Ich wollte ein Ärgernis sein.«

Seitdem gilt Koeppens Liebe denen, die überall fremd sind, den Einzelgängern, den Beleidigten und Benachteiligten. Die Einsamkeit und die Bitterkeit, die er in seiner Jugend erfahren hatte, damals, als er absichtlich gebeugt ging, weil er einen Buckel haben wollte, damit alle gleich sehen, daß er einer von den Ausgestoßenen sei – diese Einsamkeit und Bitterkeit hat er nie überwunden. So wurde er zum Dichter der Verfolgten und der Gezeichneten, wenn nicht der Verlorenen, zum poetischen Sachwalter aller Minderheiten – von den Juden bis zu den Homosexuellen. Ein Porträt Grimmelshausens, des ersten deutschen Romanciers, hat Koeppen »Gemein mit jedermanns Angst« betitelt und uns damit zu einer Formel verholfen, die sein eigenes Werk charakterisiert.

Hemingway habe – schrieb Koeppen im Nachruf auf den großen Amerikaner – sein aus dem Kochbuch der Gertrude Stein stammendes Rezept für die Bestseller-Küche bearbeitet und zu einem literarischen Gericht verwendet, »das jedermann mundet, das in Moskau verschlungen werden kann wie in Paris und selbst noch den Köchen Hollywoods standhält«. Aus Todesnähe und Todeserfahrung vermochte er »sein so einschlagendes, von den meisten als Lebenslust empfundenes Werk« zu schaffen.[1]

Damit wäre angedeutet, was Koeppen *nicht* geliefert hat: Niemals hat er sich um eine Literatur bemüht, die jedermann munden würde, niemals wollte er Bestseller produzieren, seine Romane schlugen nicht ein und ließen sich nicht verfilmen, sie konnten schwerlich als »Lebenslust« empfunden oder gar konsumiert werden. Man hat den Eindruck, daß Koeppen im Unterschied zu Hemingway, dem er »erfolgreiche Bücher der Niederlage« nachsagte, die Erfolglosigkeit seiner Werke geradezu gewünscht und beinahe masochistisch angestrebt hatte.

Sein Erstling, der Roman *Eine unglückliche Liebe,* war

schon ein Buch der Niederlage – und dies im doppelten Sinne. Es ist in dieser erotischen Geschichte viel von Leidenschaft und Begierde, vom »tollen Besitzwunsch« die Rede, aber es dominieren Enttäuschung und Entsagung, der junge Mann im Mittelpunkt erreicht nicht, was er um jeden Preis erreichen wollte, er, ein »Amokläufer der Liebe«, geht leer aus, der letzte Satz lautet: »Es hatte sich nichts geändert.«

Wie dieser rasende und resignierende Romanheld, so der Autor: Auch er ging leer aus, was ihn freilich nicht wundern konnte. Man schrieb das Jahr 1934, es ging schon seinem Ende entgegen, doch Koeppen tat so, als hätte sich auch für ihn nichts geändert: Daß er erzählte, wie man vor 1933 erzählt hatte, war vorerst nicht mit einem nennenswerten Risiko verbunden. Daß er indes sein Manuskript Bruno Cassirer, also einem jüdischen Verleger, anvertraute, hieß die Niederlage herauszufordern.

Noch konnten einzelne jüdische Verlage Bücher drucken lassen, noch konnten diese Publikationen in Deutschland verkauft werden, aber die meisten Buchhändler zögerten, sie zu bestellen, in den Schaufenstern durften sie ohnehin nicht gezeigt werden – und die meisten Zeitungen und Rezensenten machten um die verfemten Produkte ängstlich einen Bogen. Einige mutige Kritiker lobten die *Unglückliche Liebe* überschwenglich, einige andere nahmen die Gelegenheit wahr, sich dem neuen Regime als Denunzianten zu empfehlen.

Koeppen selber ist inzwischen jenseits der Grenze: In Holland findet er bei Freunden aus Berlin, nunmehr

Emigranten, Unterkunft und Hilfe, dort schreibt er seinen zweite Roman, der jedoch – die Situation ist paradox, wenn nicht absurd – im »Dritten Reich« publiziert werden soll, wiederum bei Bruno Cassirer. Das Buch darf den Verleger und seinen Lektor Max Tau, ebenfalls einen Juden, nicht gefährden. Man einigt sich daher auf ein eher entlegenes Sujet: Die Handlung soll unbedingt in der Vergangenheit spielen, womöglich noch im Kaiserreich, und in einer kleinen Provinzstadt.

Koeppen bemüht sich, seinen Auftraggeber, dem er zu Dank verpflichtet ist, nicht zu enttäuschen, andererseits mag er nicht schreiben, was man von ihm offenbar erwartet: ein harmloses Familienbuch, eine mehr oder weniger idyllische Heimatgeschichte. Er hofft, in dem Roman *Die Mauer schwankt* doch das Seinige sagen zu können, wenn auch getarnt. So läßt er seinen Helden, einen romantisch angehauchten Baumeister mit dem Blick eines Künstlers, aus der deutschen Provinz in ein Balkanland reisen, das orientalisch und zugleich faschistisch anmutet und in dem jedenfalls die Polizei alle überwacht und viele mißhandelt.

Die Analogie ist unverkennbar. Aber kann der Autor das Risiko noch verantworten? Er selber hat Zweifel, er schickt seinen sonderbaren Baumeister recht unvermittelt nach Deutschland zurück, wo dieser sich auf seine Weise den Mächtigen zu widersetzen versucht und, versteht sich, scheitert. Man sieht es deutlich: Nach dem balkanesischen, dem waghalsigen Anfangsteil des Romans wollte Koeppen einen weniger bedenklichen und freilich auch konventionelleren Kurs einschlagen.

Was der Emigrant oder Beinahe-Emigrant im Sinne hatte, gleicht der Quadratur des Kreises. Das auf holländischem Boden verfaßte Buch erscheint tatsächlich in Berlin, Ende 1935. Es schadet niemandem und nützt niemandem, es bleibt ohne Wirkung. Noch eine Niederlage? Gewiß, wieder aber will es scheinen, daß Koeppen dem leicht voraussehbaren, dem unvermeidlichen Fehlschlag gar nicht ausweichen wollte.

Den im 19. Jahrhundert lebenden Schriftsteller und Kulturhistoriker Karl Friedrich von Rumohr, dessen Werke allesamt vergessen sind und der seine kleine Unsterblichkeit lediglich einem (allerdings außergewöhnlichen) Kochbuch zu verdanken hat, hält Koeppen für einen Dilettanten: »Doch wie ein professioneller Literat wußte er um die Vergeblichkeit des Strebens. Das gab ihm eine artige Melancholie.«[2] Ob Koeppen damals schon ein professioneller Literat war, sei dahingestellt, aber um die Vergeblichkeit des Strebens wußte er sehr wohl, seine Melancholie kannte weder Sturm noch Drang; auch sie war artig und höflich.

Die Emigranten mißtrauten ihm, denn seine beiden Bücher hatte man im »Dritten Reich« gedruckt, und für die Behörden in Berlin gab es, sofern man über Koeppens Existenz überhaupt informiert war, ebenfalls Grund genug, ihm zu mißtrauen. So saß er, nicht zum ersten und nicht zum letzten Mal in seinem Leben, zwischen allen Stühlen, so fristete er sein Dasein: ein noch junger Mann ohne Arbeit und ohne Hoffnung, ein dürftiger Dandy, ein Bohemien, dem das Milieu der Boheme fehlte. Als die Freunde, die ihn durchbrachten, nach

Amerika weiterwanderten, wurde er obdachlos und tat in seiner Verzweiflung, was nur jene Nachgeborenen verurteilen können, die das Elend und die Not des Exils nicht kennen: Er kehrte Ende 1938 nach Deutschland zurück.

Auf die Frage, was er denn in den Jahren des Krieges getan habe, hätte Koeppen mit den Worten seines Philipp aus den *Tauben im Gras* antworten können: »Ich drückte mich durch die Diktatur, ich haßte aber leise, ich haßte aber in meiner Kammer, ich flüsterte aber mit Gleichgesinnten...« Oder auch kürzer: Er hat überlebt, ohne auch nur einen Tag Soldat zu sein. Mehr noch: Er publizierte nicht und verdiente trotzdem schreibend sein Brot.

Gottfried Benn hatte sich mit der Wehrmacht arrangiert, Koeppen mit dem Film. Er verfaßte für die Ufa Drehbücher und gab sich die größte Mühe, daß sie gut und schlecht zugleich gerieten: gut genug, um ihm den nächsten Auftrag zu sichern, und schlecht genug, um nicht realisiert zu werden. Die vier oder fünf Drehbücher, die er in jenen Jahren ablieferte, blieben im Archiv liegen; wer weiß, ob diese scheinbaren Niederlagen des Autors Koeppen nicht zu seinen wenigen unzweifelhaften Siegen gehören.

Und später, nach 1945 – lesen wir in den *Tauben im Gras* – »Philipp war schwach, er war auf der Walstatt geblieben, auf der sich die schändliche Politik und der gemeinste Krieg, Wahnsinn und Verbrechen ausgetobt hatten ... Philipp war wie gelähmt und seine Stimme war wie erstickt...« Galt das für den Schriftsteller Koeppen ebenfalls, war auch er auf der Walstatt geblieben? So scheint es eine Weile: Er schlägt sich mehr schlecht als recht durch, gelegentliche Beiträge für Zeitungen und kurzlebige Zeitschriften bringen nur wenig, kein Bruno Cassirer ist zu sehen, der dem aus seiner Bahn Geworfenen, dem Entgleisten die Hand reichen oder, besser noch, einen Scheck geben und das nächste Buch abnötigen würde.

Als der wirtschaftliche Aufschwung begann, war er wieder einmal in Not. Und auch er sehnte sich nach dem »verdammt guten Leben«, zu dem sich Hemingway prahlend und provozierend bekannte. Denn anders als mancher uns glauben machen wollte, hat Koeppen für das Asketische nichts übrig, er gehörte nie zu den Kostverächtern, vielmehr zu den Genießern, den Epikureern.

1950 erhält er endlich ein verlockendes Angebot. Kein Mephisto bietet ihm den Pakt an, doch immerhin der Redakteur einer Illustrierten, der eine spannende, eine unterhaltsame Story braucht. Koeppen gibt sich die größte Mühe, er ist fest entschlossen, dem Geschmack der Illustrierten-Leser Zugeständnisse zu machen: Er läßt die Sache im smarten und schicken Rennfahrermilieu spielen. Aber einem Künstler, einem wirklichen, fällt es schwer, sich zu prostituieren. Schon auf der ersten Seite des Auftragswerks häufen sich die mythologischen Verweise, vom Tod ist schon hier die Rede – und dann immer häufiger. Gerade davon wollte jenes Publikum nichts wissen. Koeppens Absichten waren die redlichsten: Er hatte versucht, die Leser reell zu bedienen und sich doch treu zu bleiben. Das war abermals die Quadratur des Kreises und also wieder eine Niederlage und wieder eine höchst ehrenwerte.

Sonderbar: Koeppen, der ein Leben lang Schriftsteller ist, schreibt nur, so will es scheinen, der Not gehorchend, jedenfalls sehr ungern. Er gleicht dem Weisen, von dem es in Brechts *Legende von der Entstehung des Buches Taoteking* heißt, daß man ihm seine Weisheit erst entreißen müsse – auch er braucht den Zöllner, der »sie ihm abverlangt«. Einer seiner Zöllner war der Verleger Henry Goverts: Er brachte Koeppen dazu, den Roman *Tauben im Gras* zu schreiben, dem dann rasch *Das Treibhaus* und *Der Tod in Rom* folgten.

Diese Deutschland-Trilogie, zwischen 1951 und 1954 veröffentlicht, hat man meist kühl aufgenommen und nicht selten schroff abgelehnt, Koeppen wandte sich, von einem anderen Auftraggeber, Alfred Andersch vom Süddeutschen Rundfunk, inspiriert und auch finanziert, der Reiseschilderung zu, Ende der fünfziger Jahre erschienen die Bände *Nach Rußland und anderswohin* und *Amerikafahrt*. Sie wurden, im Unterschied zu den Romanen, freundlich, ja enthusiastisch gelobt.

Wunderbare Beschreibungen finden sich in diesen Büchern, in Momentaufnahmen und Impressionen feiert der Stilist Koeppen wahre Triumphe, die Sätze gleichen Katarakten, die der Autor vor unseren Augen zu Kaskaden von unnachahmlicher Anschaulichkeit und Schönheit formt. Hier spürt man jenen »drängenden Atem der Liebenden«, von dem in dem Fragment *Jugend* die Rede ist. Kein Zweifel: Wenn es einem Prosaisten unserer Jahre geglückt ist, das Aroma des Lebens gegenwärtig zu machen, dann dem poetischen Reporter Wolfgang Koeppen.

Dennoch ist es heute kaum faßbar, daß man die Reisebücher damals höher einschätzte als seine Romane und sogar jene gegen diese ausspielte. Wer vor einem Vierteljahrhundert entschieden für Koeppens Deutschland-Trilogie plädierte, fand wenig Zustimmung, wer es heute tut, rennt offene Türen ein: Jede Literaturgeschichte würdigt die drei Romane, zumal *Tauben im Gras*, als Höhepunkt der Nachkriegsliteratur. Jetzt ist es nicht schwer, ihre Hellsicht zu rühmen und Koeppens gesellschaftlichen Scharfblick zu bewundern: Denn was dereinst vielen übertrieben und verzerrt schien, wurde inzwischen von der bundesdeutschen Realität eingeholt.

Auf seine Vorbilder hat er selber bei verschiedenen Gelegenheiten hingewiesen: auf den *Ulysses* und auf *Berlin Alexanderplatz*, auf Proust und Faulkner, aber auch auf den französischen Roman des vorigen Jahrhunderts. Er schrieb: »Alle Geschöpfe Balzacs lieben. Sie lieben das Leben, den blendenden blinden Ruhm, die Todsünde der Verzweiflung, die finstere nichtige Macht, das feile Geld, die stolze Armut, die Reinheit, die Orgie, die Fata Morgana, das Ideal und einige sogar den Himmel.«[3] In diesen Sätzen erkennen wir Koeppens eigenes Personal.

Seine Figuren, auch die unauffälligen und mittelmäßigen, die scheinbar unbedeutenden, hat er allesamt mit der gesteigerten Fähigkeit ausgestattet, das Leben zu empfinden, auf das Leben zu reagieren. Sie fühlen und ertragen, sie lieben und leiden mehr als andere Menschen. So ist er selber, Wolfgang Koeppen: verliebt und vernarrt in das Dasein, mag es auch eine unglückliche Passion sein, eine närrische Schwäche. Er genießt und leidet zugleich, ihn quält seine Liebe, und er liebt seine Qual.

Die zentralen Gestalten seiner Romane – der unbekannte Literat Philipp in den *Tauben im Gras*, der romantische Politiker Keetenheuve im *Treibhaus*, der homosexuelle Komponist Siegfried Pfaffrath im *Tod in Rom* –, sie alle sind, um einen Ausdruck Thomas Manns zu verwenden, »Helden der Schwäche«. Oder auch: Helden der Angst. Hemingway habe – meint Koeppen – die Angst nicht beschrieben, vielmehr Menschen gebildet, »die sich von der Angst wegschwindeln«, er habe versucht, die Angst mit der Jagd und dem Stierkampf, mit dem Krieg und dem Abenteuer, mit dem »verdammt guten Leben« aus der Welt zu schaffen. Haarscharf trifft Koeppen die Achillesferse des weltberühmten Amerikaners: »Die Beschreibung des wahren Gesichts der Angst hätte Hemingway sein Publikum gekostet...«[4] Das eben ist es, was Koeppen, zumal in den *Tauben im Gras*, gewagt hat und wofür er auf einen Teil seines potentiellen Publikums verzichten mußte.

Nein, Koeppens Romane wurden keine Erfolgsbücher und sind es immer noch nicht – und vielleicht auch deshalb, weil sie dem Leser nie entgegenkommen, weil sie für viele schwerer zugänglich sind als die Prosa sogar seiner vorzüglichsten Zeitgenossen. Die Untugenden, die anderen zu einem enormen Echo verholfen haben, kann man seiner Epik nicht vorwerfen: etwa die Sentimentalität, die sich bei Böll oft bemerkbar macht, etwa eine gewisse Gefälligkeit, von der sich gerade die bekanntesten Romane Max Frischs nicht freisprechen lassen, oder die Obszönitäten und Infantilismen bei Grass.

Koeppens Romane sind radikal in des Wortes ursprünglicher Bedeutung: Sie gehen an die Wurzel, sie sind unerbittlich und unversöhnlich. Er macht den Lesern nichts vor, und nichts erspart er ihnen. Die Rolle des Intellektuellen in unserer Nachkriegswelt zeigt er in ihrer ganzen Fragwürdigkeit, um nicht zu sagen: Jämmerlichkeit. Philipp, der lebensuntüchtige, der erfolglose deutsche Schriftsteller, und Edwin, der hochangesehene angelsächsische Poet – für ihn stand T. S. Eliot Modell –, sie sind in den *Tauben im Gras* nur scheinbar Gegenfiguren, in Wirklichkeit jedoch sich ergänzende Parallelgestalten.

Die Welt zu beobachten, meint Philipp, sei seine Aufgabe. Aber ihm wird schwindelig, er kann gar nichts mehr beobachten, er fühlt sich nutzlos und seiner Bestimmung beraubt: »Er hatte den Leuten, die draußen vorübergingen, nichts zu sagen. Die Leute waren verurteilt. Er war verurteilt.« Auch Mister Edwin, der Umworbene, der von Stadt zu Stadt eilende »Kreuzfahrer des Geistes«, kommt nach München, wo er einen Vortrag halten soll, »mit leeren Händen, ohne Gabe, ohne Trost«. Er spricht zu den im Amerika-Haus andächtig Lauschenden, doch seine Worte können sie nicht erreichen, denn die Lautsprecheranlage funktioniert nicht: Die Technik rebelliert gegen den Intellekt, Edwins Vortrag ist bloß eine »vergebliche Beschwörung«.

Im letzten Kapitel der *Tauben im Gras* führt Philipp eine schöne, junge Amerikanerin, die München besucht, in ein schäbiges Hotelzimmer. Sie hat im College gelernt, daß die deutschen Dichter träumen, den Wald besingen und die Liebe. Nun möchte auch sie ein Abenteuer erleben und einmal mit einem richtigen deutschen Dichter schlafen. Aber Philipp, der »unermüdliche Leser«, der zaudernde Grübler, der alles rezipieren und nichts produzieren kann, fühlt sich, da er mit dieser Amerikanerin allein bleibt, »verdorrt« und »erstarrt«. Schweigend stehen die beiden am offenen Fenster des Hotelzimmers und hören plötzlich, mitten in der Nacht, einen Sirenenwagen der Polizei und einen schrillen Hilfeschrei: Es ist die Stimme es weltberühmten Edwin. Wie Philipp die Amerikanerin nicht lieben kann, so wird Edwin von den Knaben, nach denen er sich sehnt, überfallen.

Es sind nur Niederlagen, von denen Koeppen zu erzählen hat, seine Helden werden gedemütigt und besiegt. Doch wie schwach, wie impotent sie auch sein mögen, sie sind immerhin stark genug, um inmitten einer sich rasch wandelnden Welt ihre Eigenart zu bewahren. Kein deutscher Schriftsteller nach 1945 hat uns die Angst und die Ohnmacht, die Ratlosigkeit und die Bestürzung der Intellektuellen so spürbar und bewußt gemacht wie Wolfgang Koeppen. Natürlich, es sind die Angst und die Ohnmacht von 1951. Nur von 1951? Oder vielleicht auch von 1986? Ich wage zu behaupten: Dieser Roman ist mit der Zeit nicht verblaßt, sondern gewachsen. Wer weiß, ob die *Tauben im Gras* nicht gerade heute eine neue Aktualität gewonnen haben.

Ähnlich wie seine unheroischen Helden vermochte auch der Schriftsteller Koeppen nach dieser Trilogie seine künstlerische Eigenart zu bewahren. Gewiß, den mehrfach angekündigten Roman hat er nicht geschrieben. Man kann sich die Ursache denken: Die schwachen, die mißratenen Bücher, mit denen seine berühmten Kollegen – von Arno Schmidt über Böll bis Grass – in späten Jahren ihre Verehrer in große Verlegenheit gebracht haben, wollte er uns offensichtlich ersparen.

Aber geschwiegen hat Koeppen eben nicht. In den siebziger und auch noch in unseren achtziger Jahren verfaßte er zahlreiche literarkritische Arbeiten, die wichtigsten sind 1981 in dem Band *Die elenden Skribenten* erschienen. Indes ist die Analyse seine Sache nicht, nie war er ein Mann der Theorie, die Polemik hat ihn nur selten gereizt. Nicht anders als in seinen Reportagen und Reiseskizzen kommt auch in seinen Essays und Rezensionen, in seinen journalistischen und autobiographischen Schriften spätestens auf der zweiten Seite, was er auch beabsichtigt haben mag, der Erzähler zum Zuge.

In diesen Aufsätzen findet sich natürlich viel über Bücher, und doch könnte man, ein wenig überspitzend, sagen: Koeppen beschäftigt sich hier nicht mit der Literatur, sondern vor allem mit den Dichtern. Ob er über Chamisso, Shelley oder Oskar Wilde schreibt, über

Hesse, Döblin oder Robert Walser – aus seinen Berichten werden gleichsam unter der Hand Geschichten, aus seinen Geschichten poetische Visionen. Koeppen sieht die Schriftsteller als Sorgenkinder des Lebens, als Sündenböcke der Gesellschaft, als Opfer des Daseins: Er feiert die »Bruderschaft der gestürzten Engel«.

Und schließlich: Daß Koeppen sich seinen Zeitgenossen verweigert hätte, stimmt, wie schon gesagt, keineswegs. Auf Tagungen und Akademiesitzungen war er allerdings nie zu sehen. Doch hat er Einladungen zu öffentlichen Lesungen in der Regel nicht abgelehnt. Die vielen, nicht zu vielen Preise, die ihm verliehen wurden, hat er gern angenommen und sich in schönen, bisweilen unvergeßlichen Reden bedankt. Wer ihn um Interviews bat, wurde nicht abgewiesen.

Dennoch scheint an der Legende, die um Koeppen im Laufe der Zeit entstanden ist, etwas Wahres zu sein. Er lebt seit über vierzig Jahren in München – und ist dort doch ein Fremder geblieben. Er liebt die Gesellschaft und ist ein einsamer Mensch. In Wolfgang Koeppens Shelley-Porträt heißt es »Seine Einsamkeit gehörte zu seinem Genie.«[5]

1986

DER EMPFINDSAME ASPHALTLITERAT

Im Dezember 1957 reiste ich durch die Bundesrepublik. Ich war auf der Suche nach der neuen deutschen Literatur. In Hamburg, wo die Reise begann, wurde ich von einem blonden jungen Mann für den Norddeutschen Rundfunk interviewt. Nach dem Gespräch sagte er mir vertraulich, er habe schon zwei, ja sogar drei »Büchlein« veröffentlicht. Es war Siegfried Lenz. In Köln betreute mich Heinrich Böll, der etwas enttäuscht war, daß ich den Dom besichtigen wollte, wo doch in Köln andere, kleinere katholische Kirchen wichtiger seien. In Frankfurt traf ich einen jungen Verlagsangestellten, der mir überaus tüchtig schien und der gleich Reklame für Hermann Hesse machte: Siegfried Unseld. In München durfte ich mich in einem Café in der Leopoldstraße mit einem Dichter unterhalten, den ich seit meiner Kindheit liebte: Erich Kästner. Er war genauso, wie ich ihn mir vorgestellt hatte.

Dann aber wollte ich unbedingt Wolfgang Koeppen sehen. Ich kannte von ihm nur ein einziges Buch: den Roman *Tod in Rom*. Der aber hatte es mir angetan, meine Kritik, in einer polnischen Zeitschrift gedruckt, war sehr ausführlich und des Lobes voll.[1] Nun saß ich in einem Restaurant und wartete auf den Autor dieses Romans. Er wird schon sein – dachte ich – wie seine poetische Prosa, also scharf und streng, böse und bissig, jedenfalls ziemlich aggressiv. Aber der Herr, der bald auf mich zukam, machte einen anderen Eindruck. Ich glaubte, er sei ein solider Oberstudienrat, der Griechisch und Geschichte lehre, von den Schülern beiderlei Geschlechts geliebt werde und nach Feierabend an einem Buch über Perikles arbeite. Aggressiv war der Schriftsteller, mit dem ich den Abend verbrachte, am allerwenigsten, auch nicht selbstsicher, vielmehr etwas schüchtern, wenn nicht gehemmt, sehr freundlich und verbindlich, leise und liebenswürdig. Meine Fragen beantwortete er höflich und genau.

Schließlich gab er mir ein Exemplar des Romans *Der Tod in Rom*. Ich wünschte mir, wie es sich gehört, eine Widmung. Koeppen schien überrascht: Ja, gewiß, aber so schnell gehe das nicht. Darüber müsse er erst nachdenken, mit einem verlegenen Lächeln bat er um mein Verständnis. Er werde das Buch mitnehmen und es mir dann mit einer entsprechenden Eintragung wiederbringen. Ich war verwundert, doch natürlich einverstanden. 24 Stunden später überreichte mir Koeppen seinen Roman zum zweiten Mal, aber ich wagte nicht, den inzwischen von ihm verfaßten Text in seiner Gegenwart zu lesen. Erst in meinem Hotelzimmer schlug ich, noch im Mantel, neugierig das Buch auf. Die Widmung lautete: »Für«, es folgte mein Name, »in freundschaftlicher Zuneigung.« Das war alles.

Um diese Worte zu ersinnen, hatte also Koeppen das Exemplar seines Romans für einen Tag nach Hause genommen. Mir fiel Thomas Manns Novelle *Tristan* ein. Da heißt es über Detlev Spinell, daß er, einen Brief schreibend, »jämmerlich langsam von der Stelle« kam.

Und dann: »Wer ihn sah, mußte zu der Anschauung gelangen, daß ein Schriftsteller ein Mann ist, dem das Schreiben schwerer fällt als allen anderen Leuten.« Damals, als ich Koeppens konventionelle Formel las, wurde mir zum ersten Mal bewußt, wie außergewöhnlich sein schriftstellerisches Verantwortungsgefühl ist.

Nein, ein Autor, auf den man sich verlassen konnte, war er nie. Niemals hat er Termine eingehalten. Und es hat ihm nie etwas ausgemacht, seine Auftraggeber auf sanfte Weise vor den Kopf zu stoßen oder ganz einfach im Stich zu lassen. Gelegentlich wurde er als Bohemien bezeichnet, womit in diesem Fall natürlich nicht Koeppens Habitus gemeint war, wohl aber seine geradezu extreme Ungebundenheit. Das stimmt schon, nur ist er ein Bohemien mit Prinzipien. Unzuverlässigkeit und Verantwortungsgefühl gehen bei ihm Hand in Hand. Verleger, Redakteure oder Rundfunkleute haben ihn oft bedrängt, haben ihm in ihrer Verzweiflung gedroht oder geschmeichelt – und waren bisweilen auch erfolgreich. Doch unter keinen Umständen ließ sich Koeppen überreden, ein Manuskript abzuliefern, das er für unfertig hielt.

Er kommt aus Preußen, indes widerstrebt es mir, ihn einen preußischen Schriftsteller zu nennen. In Greifswald geboren, ging er in Ortelsburg zur Schule und hat dann, wieder in Greifswald, ein wenig studiert. Aber weder diese Stadt hat ihn geprägt noch jene, weder Pommern noch das Masurenland, weder die Universität noch seine Tätigkeit als Schiffskoch. Er kann nicht recht Fuß fassen, er paßt in keinen Rahmen, so ganz willkommen ist er wohl nirgends, er ist überall – mit Goethe zu sprechen – bloß »ein trüber Gast auf der dunklen Erde«.

Erst Ende der zwanziger Jahre erreicht er das gelobte Land, das Mekka der Künstler und Schriftsteller Europas oder zumindest Mitteleuropas, die Stadt der Musik und der Literatur, der Theater und der Museen, der Verlage und der Zeitungen. Vom Stettiner Bahnhof pilgert er, einen Stadtplan in der Hand, quer durch Berlin bis zu jener Stelle, wo der Kurfürstendamm beginnt, wo die Gedächtniskirche steht. Denn nur ein Asphaltstreifen, nicht sehr breit, trennt diese Kirche vom Ziel, aufs Innigste zu wünschen, vom Paradies, nach dem sich der junge Mann aus dem Pommernland sehnt.

Hier, im Romanischen Café, durfte er den Dichtern und Philosophen lauschen, den Malern und Schauspielern zuhören, hier sah er den berühmtesten aller Reporter, Egon Erwin Kisch aus Prag, hier erhitzten sich im Gespräch jene, die glaubten »Zukunft zu haben oder wenigstens Dauer der Gegenwart«. Aber der Sohn eines Wunderrabbis aus Galizien sagte ihm damals ein jiddisches oder hebräisches Wort, das er, Wolfgang Koeppen, vergessen hat und doch nicht ganz vergessen konnte: »Es bedeutete Sand oder Wind, oder Sand im Wind, und er und ich, wir sahen die Terrasse und das Kaffeehaus wegwehen, verschwinden mit seiner Geistesfracht, sich in Nichts auflösen, als sei es nie gewesen, und es marschierten die Standarten auf.«

Als Koeppen, rund vierzig Jahre später, nach seinem Ort, nach seiner Landschaft befragt wurde, da sprach

er nicht von den pommerschen Wiesen und den masuri-
schen Seen, auch nicht vom Grunewald oder der Havel,
er sprach vielmehr von dem unvergleichlichen Ort der
Träume, von seinem »geheimen Vaterland« – vom Romanischen Café. Warum? Vielleicht deshalb, weil er
dort heranreifen konnte zum Asphaltliteraten. Dieses
Wort, mit dem einst Joseph Goebbels und Alfred Rosen-
berg viele der besten deutschen Schriftsteller zu diffa-
mieren suchten – es ist ein schönes, ein treffendes Wort.
Brecht hat es gern gehört: »Nur der Sumpf« – meinte
er – »erhebt Anklage gegen seinen großen, schwarzen
Bruder, den Asphalt, den geduldigen, sauberen und
nützlichen«, bloß die »Unheilbaren, denen kein ›Heil‹
helfen kann«, seien gegen die Asphaltliteratur.[2] Ja, es
sind die Dichter sonderbare Wesen: Sie blicken in die
Ferne und sehen in der Näh den Mond und die Sterne,
den Wald und das Reh. Doch die Literatur, sie ist eine
Pflanze, die keineswegs gedeiht im Wald und auf der
Heide. Einen härteren Boden benötigt sie, den Asphalt
nämlich.

Denn die Literatur war und ist in der Regel auf die
städtischen Kulturzentren angewiesen, auf Athen oder
Rom, Paris oder Petersburg, London oder eben Berlin.
Die Schriftsteller der Moderne – Proust und Kafka,
Joyce, Dos Passos und Virginia Woolf – sind allesamt
Großstadt-Produkte. Und das gilt für Koeppen gleich-
falls: Wie Brecht und Döblin, wie Benjamin, Kerr und
Tucholsky wurde auch er von Berlin nicht nur beein-
flußt, sondern geradezu erzogen, die Stadt Berlin hat
ihm für immer ihren Stempel aufgedrückt, Berlin war,

wie er 1972 rückblickend notierte, seine »endlich akzeptierte Heimat«.

Die Prägnanz seiner Ausdrucksweise, der Rhythmus seiner Sprache und ihr Tempo, die Promptheit seiner Reaktionen, diese nicht nachlassende Gier nach Neuigkeiten, diese, könnte man sagen, Zeitungssucht und, nicht zuletzt, die Begeisterungsfähigkeit, die immer von Skepsis relativiert und kontrolliert wird – das alles hat mit Berlin zu tun. Aber als Hitler Berlin zerstört hatte, waren auch Koeppens alte Heimatgefühle vergessen: Sie »stellten sich nicht wieder ein« – sagt er, als sei es nicht zu fassen, daß solche Gefühle verschwinden können.

Seit 1945 lebt er in München. Nachdenklich und temperamentvoll, unerbittlich und doch zärtlich hat er über diese Stadt geschrieben, er hat ihre Atmosphäre und ihr Flair, ihre Herrlichkeit und ihr Elend in seinem bedeutendsten Roman sichtbar und spürbar gemacht. Obwohl ich Feuchtwangers *Erfolg* nach wie vor schätze und auch bewundere, frage ich mich, ob es einen schöneren, einen gewichtigeren Roman über die bayerische Hauptstadt gibt als die *Tauben im Gras*. Es mag etwas verwunderlich klingen, aber es trifft schon zu: Koeppen, der empfindsame Asphaltliterat aus Berlin, ist ein Münchner geworden, freilich ein heimatloser Münchner. Und auch dies mag verwundern: Er, der in der Zeit des »Dritten Reiches« einige Jahre als Halbexilant in Holland verbracht hat, wurde erst hier ein Emigrant, ein innerer Emigrant in der Bundesrepublik Deutschland.

Niemand hat ihn in eine derartige Position gedrängt, nein, es ist ihm, alles in allem, in diesem Land kein Unrecht geschehen. Er hat viel Anerkennung gefunden, wenn auch mit einiger Verspätung. Er wurde häufig mit hohen Auszeichnungen geehrt, aber – und das sei als Kuriosität des literarischen Lebens in jener Zeit erwähnt – er hat seinen ersten Literaturpreis im Alter von 56 Jahren erhalten und erst elf Jahre nach der Veröffentlichung der *Tauben im Gras*, immerhin war es gleich ein Georg-Büchner-Preis. Und er hat das Glück gehabt, den besten und großzügigsten Verleger zu finden, den er hierzulande finden konnte: Siegfried Unseld.

Aber das alles ändert nichts daran, daß Koeppen in München nur ein seßhafter Gast geworden und ein Fremdling geblieben ist. Auf Fragen von Interviewern antwortet er wie eh und je: »Ich habe keine Heimat.« Der deutschen literarischen Welt kann man dies längst nicht mehr anlasten. Denn es hat zunächst und vor allem mit seiner Mentalität zu tun. Immer schon meinte Koeppen, der Schriftsteller sei ein Individuum, das sich an einem archimedischen Punkt außerhalb des Sozialgefüges befinde. Was von dieser Ansicht zu halten ist, steht hier nicht zur Debatte. Doch für Koeppen selber gilt sie mit Sicherheit – deshalb ist es auch unmöglich, ihn in der Nähe von Heinrich Böll oder Alfred Andersch zu sehen, von Günter Grass oder Martin Walser. Wenn es in der Literaturgeschichte der Nachkriegszeit Parallelfiguren zu Koeppen gibt, dann sind es jene trotzigen Einzelgänger, die sich der Öffentlichkeit in ihren Heimatländern hartnäckig verweigert haben – in der

Bundesrepublik Arno Schmidt, in Österreich Thomas Bernhard.

Gewiß hat sich Koeppen stets als ein linker Schriftsteller verstanden, aber »links« bedeutet für ihn kaum mehr als »oppositionell« im weitesten Sinne. Nie hat er einer Partei oder Organisation angehört, nie Aufrufe oder Erklärungen, Proteste oder Resolutionen unterzeichnet, nie wurde er auf politischen Versammlungen oder Kundgebungen gesehen. Über die »Gruppe 47« äußerte er sich stets mit Sympathie, aber an einer Tagung dieser Gruppe teilzunehmen, hat er strikt abgelehnt. »Ich will in keiner Mannschaft spielen, auch nicht im Hemisphärenfußball, ich will für mich bleiben« – sagt der Schriftsteller Philipp in den *Tauben im Gras*. In aktuelle Angelegenheiten hat sich Koeppen nie eingemischt, wenn man von ihm wissen wollte, ob er gegen Krieg und gegen Bomben sei, empfand er die Frage als beleidigend.

Er mißtraut dem Staat, er zweifelt an der Erziehbarkeit des Menschen, die Idee des Fortschritts ist in seinen Augen absurd, die Vorstellung von einer gerechten oder gar perfekten Gesellschaft kennt er nicht. Die strengnüchternen Maßstäbe der Preußen sind ihm ebenso fremd wie deren Vertrauen zur moralischen Wirkung der Ordnung, wie der Mythos der Pflichterfüllung. Die Verherrlichung des Staates ist ihm nachgerade zuwider. Anders als die großen preußischen Schriftsteller hat er nie an Preußen gelitten und schon deshalb nicht, weil er nie mit Preußen auch nur die geringsten Hoffnungen verknüpft hat. Nein, nicht an Preußen und nicht an

Deutschland leidet Koeppen, sondern an der Existenz schlechthin.

Unser Leben sei ein armer Komödiant, der sein Stündchen auf der Bühne habe und von dem dann nichts mehr zu hören sei; ein Märchen sei das Leben, erzählt von einem Dummkopf, ein Märchen voller Klang und Wut, das aber nichts bedeutet. Der König Macbeth sagt das, nachdem man ihm gemeldet hat, seine Frau sei gestorben. Diese Worte könnte man dem ganzen Werk Koeppens als Motto voranstellen.

»Die Welt stand wieder gegen ihn auf. Es war ohne Sinn und Verstand und nie zu begreifen.« Von Friedrich ist die Rede, der in Koeppens erstem Romas, *Eine unglückliche Liebe*, dem Mädchen nachreist, das er liebt und begehrt und das, wie Prousts Rahel, mit jedem schläft, nur nicht mit ihm: Diesem Friedrich, dem Amokläufer der Liebe, ähneln sie alle, die Träumer in Koeppens epischem Universum, sie, denen nichts gelingt und deren Träume nie in Erfüllung gehen.

Wie der romantisch angehauchte Politiker Keetenheuve in dem Roman *Das Treibhaus* sind sie geschlagen und verloren, noch bevor sie zu kämpfen angefangen haben; sie empfinden die Welt als sinnlos, feindlich und unbegreiflich. »Meine Musik ist sinnlos« – klagt der junge Komponist Siegfried Pfaffrath im *Tod in Rom* –, »aber sie brauchte nicht sinnlos zu sein, wenn ich nur etwas Glauben hätte. Aber woran soll ich glauben?« Auf den Schriftsteller Philipp, jenen Philipp aus den *Tauben im Gras*, warten zu Hause leere, weiße Seiten, doch hatte er den Menschen, die draußen vorübergingen,

nichts zu sagen: »Die Leute waren verurteilt. Er war
verurteilt.« Selbst der weltberühmte amerikanische
Dichter Edwin – T. S. Eliot hat hier Modell gestanden –
kommt nach München »mit leeren Händen, ohne Gabe,
ohne Trost, keine Hoffnung...« Ob reich wie dieser Edwin oder arm wie Friedrich, wie Philipp – hilflos und
ohnmächtig sind sie alle, kindlich in ihrer bisweilen
rührenden Ratlosigkeit angesichts der Welt: Sie kennen
keinen Ausweg – weder aus ihrer eigenen Not noch aus
der ihrer Zeitgenossen.

Nur wollen Koeppens »Helden der Schwäche« – er zitiert die Formulierung Thomas Manns mit Sympathie –
gar nicht durchhalten, sie denken nicht daran, sich
zu bewähren. Mit den »Leistungsethikern« haben sie
nichts gemein. Aber diese Gestrauchelten und Gestürzten, die Verstrickten und Verzweifelten, sie, die um keinen Preis dazugehören wollen, diese Opfer unserer Zeit,
sie sind, sehr sonderbar, auch Genießer des Lebens.

Pechschwarz ist die Trauer der Koeppenschen Helden
der Schwäche, schwarz wie die Fahne der Anarchie,
doch Leid und Gram mischen sich bei ihnen mit Da-
seinsfreude, einer schwermütigen zwar, aber einer dennoch intensiven. Sie genießen die Kunst und den Wein,
die Literatur und die Melancholie, sie genießen ihre
Einsamkeit und ihre Enttäuschungen, ja sogar ihre Niederlagen. So taumeln sie von Begierde zu Genuß, und
im Genuß verschmachten sie nach Begierde. Auch sie
möchten zum Augenblick sagen: Verweile doch, du bist
so schön!

Lieben – das heißt bei Koeppen, ähnlich wie bei

Proust: die Qual der Liebe erleiden und sehr bald auch die Qual der Eifersucht. Über den *Gefangenen*, den fünften Band der *Suche nach der verlorenen Zeit*, schreibt Koeppen:»Der eigentliche Gefangene ist der Erzähler, er ist der Gefangene Albertines... er ist der Gefangene der Summe ihrer Möglichkeiten, ihrer Möglichkeiten, Verbindungen mit jedermann einzugehen ... Der Erzähler könnte aufhören, er hat vielleicht schon aufgehört, Albertine zu lieben. Aber der Eifersüchtige kann sie nicht freigeben, er liebt seine Qual...«[3]

Auch Koeppens leidende Genießer lieben die Qualen der Liebe, sie lieben, was sie als Verhängnis und Schicksal empfinden und wovon sie stets aufs Neue abhängig sind. Aber gefangen ist hier, anders als bei Proust, nicht der Erzähler, nein, gefangen sind sie alle, die lieben: die Männer ebenso wie die zarten, die meist ganz jungen Frauen, die noch knabenhaft wirken; gefangen sind die Homosexuellen und die Lesbierinnen und jene auch, die, allein gelassen, sich den Geliebten mit Hilfe ihrer Phantasie herbeizaubern und in ihr Zimmer zurückzwingen, die sich im einsamen Bett »eine Spanne Heimlichkeit und Liebe« gewähren.

»In Liebe fallen«, sei – findet Koeppen – ein herrliches, ein unheimliches Wort. Wir gebrauchen es nicht oft, wir sagen eher, in Ohnmacht fallen oder in Angst und Schrecken. Für Koeppen ist die Liebe eine wunderbare Kraft, natürlich, aber zugleich eine Kraft, die nicht bloß Glück bereitet, sondern den Menschen eben auch in Angst und Schrecken versetzt, die ihn seiner Unabhängigkeit beraubt: Die Liebenden werden in die-

sen Büchern nicht nur beneidet, sie werden auch bemit-
leidet.

Ohne Mitleid kann der Roman so wenig auskommen
wie ohne Ironie. Und ohne Haß? Koeppens Epik ist voll
von Zorn und Wut, von Empörung und Verachtung,
aber sie ist frei von Haß: Der Erzähler, meint er, dürfe
nicht hassen, denn »selbst der Henker der Bastille verdient Mitleid mit seinem schwarzen Schicksal«.[4] Ja,
auch der Henker der Bastille verdient Mitleid. Wie aber
ist es mit dem professionellen Verbrecher in Uniform,
mit einem, der den Massenmord organisierte und sich
nicht nehmen ließ, selber Hand anzulegen? Koeppen erzählt im *Tod in Rom* von einem ehemaligen SS-General,
der genußvoll und mit finsterer Wollust mordete. Es ist
nicht möglich, ihn zu bemitleiden, doch bringt Koeppen
selbst für diese Mißgeburt aus Dreck und Feuer ein
wenig Verständnis auf: Er zeigt das abstoßende Individuum als Produkt deutscher Brutalität, deutscher We-
sensart und vor allem deutscher Erziehung.

Und die Opfer? Die Juden beispielsweise? Damals, in
den fünfziger Jahren, wurde über Juden viel Wohlwol-
lendes, viel Gutgemeintes von deutschen Autoren geschrieben, meist über gebildete, vornehme Menschen,
die den *Faust* zitierten und Beethovens Streichquartette
liebten. Es gab sie schon, diese Juden, aber wenn sie
überlebt hatten, dann blieben sie damals in London,
New York oder Tel Aviv. Die Juden jedoch, die nach
1945 plötzlich in München auftauchten, in Berlin oder
Frankfurt, sie waren von anderer Art, man wußte nicht
recht, woher sie kamen, diese Juden, die keiner mochte

und über die man nur hinter vorgehaltener Hand sprach. Koeppen hat sie nicht verschwiegen, für ihn gab es keine Tabus. So heißt es in den *Tauben im Gras*: »Juden – das waren schwarzhaarige, gebrochenes Deutsch sprechende Leute, Unerwünschte, Ausländer, Hergewehte, die einen vorwurfsvoll aus dunkelschimmernden, nachtverwobenen Augen ansahen, von Gas und Grabgräben wohl sprechen wollten und Hinrichtungsstätten im Morgengrauen; Gläubiger, Gerettete, die mit dem geretteten Leben nichts anderes zu beginnen wußten, als auf den Schuttplätzen der zerbombten Städte... in kleinen schnell errichteten Buden, den windigen Notläden Unverzolltes und Unversteuertes zu verkaufen.« In ihnen, diesen hergewehten Juden, die mit ihrem geretteten Leben nichts besseres zu beginnen wußten, sieht Koeppen leidende Geschöpfe unserer Welt. Was sie, die vorwurfsvoll Blickenden mit den anderen Figuren auf seiner epischen Bühne vereint, ist nichts anderes als Angst und Hunger: Angst vor dem Leben und Hunger nach dem Leben.

Eine Schulklasse, berichtet Koeppen, habe ihn gefragt, warum er eigentlich schreibe. Er antwortete: »Ich weiß es nicht...« Er hätte vielleicht auch antworten können: Weil ich nichts anderes besser kann, weil aus mir nichts geworden ist – nur ein deutscher Schriftsteller. Vor diesem Schriftsteller, vor Wolfgang Koeppen, verneigen wir uns – in Bewunderung, in Dankbarkeit, in Liebe.

1991

127

PASSIONSGESCHICHTE EINES
BRIEFMARKENHÄNDLERS

Das Veilchen, das auf der Wiese stand und das Land, wo die Zitronen blühn, die Ruhe über den Gipfeln und der Mond, der wieder füllet Busch und Tal, die gelben Birnen und die wilden Rosen, die holden Schwäne und die im Winde klirrenden Fahnen – sie, unsere Dichter, haben das alles besungen, sie haben es gestiftet, und es ist geblieben. Aber sie, die Klassiker, sie konnten nicht ahnen, daß einst ein deutscher Poet zum Ort seines Gedichts eine Latrine machen werde:

> Über stinkendem Graben
> Papier voll Blut und Urin,
> umschwirrt von funkelnden Fliegen,
> hocke ich in den Knien
>
> den Blick auf bewaldete Ufer,
> Gärten, gestrandetes Boot
> In den Schlamm der Verwesung
> klatscht der versteinte Kot.
>
> Irr mir im Ohre schallen
> Verse von Hölderlin.
> In schneeiger Reinheit spiegeln
> Wolken sich im Urin.

Der dies kurz nach dem Zweiten Weltkrieg geschrieben hatte, Günter Eich, der kühn genug war, Urin auf Hölderlin zu reimen, er wußte wohl kaum, daß jene, die in einer Latrine über einem stinkendem Graben hockten und den versteinten Kot in den Schlamm klatschen hörten, noch zu den Privilegierten gehörten. Denn den Elendsten der Elenden war auch eine Latrine verwehrt.

Vor einigen Jahren hat eine deutsche Journalistin, eine Jüdin, in unserem Fernsehen mit vor Wut bebender Stimme berichtet, wie sie sich in Auschwitz beim Morgenappell immer wieder besudelte und infolgedessen so widerwärtig stank, daß sie sich vor sich selber ekelte. Derartiges hört oder liest man nur selten, denn nicht jeder, der eine solche deutsche Hölle überlebt hat, ist stark genug, um seine Scham zu überwinden. Die Erinnerungen der Opfer, ihre Zeugenaussagen – sie sind in den meisten Fällen gedämpft und gemildert. Ja, es war alles viel schlimmer. In der Latrine einer Wehrmacht-Einheit konnte man noch an Hölderlin denken. Doch woran haben jene gedacht, die sich, bevor ihnen deutsches Gas den Atem raubte, in ihrem Kot wälzen mußten?

Adorno hatte schon gute Gründe, 1949 zu erklären, es sei barbarisch, nach Auschwitz ein Gedicht zu schreiben. Sein Diktum, unentwegt und meist falsch zitiert, sollte als Warnung verstanden werden, die Warnung als Provokation. Und diese Provokation mußte Widerspruch hervorrufen. Denn auf die Behauptung, es sei barbarisch, nach Auschwitz ein Gedicht zu schreiben, konnte und kann es nur eine einzige Antwort geben: Barbarisch wäre es, nach Auschwitz *kein* Gedicht zu schreiben.

Aber soll man, darf man ein Gedicht *über* Auschwitz schreiben? Die Gegenfrage drängt sich auf: Was wäre berufen und, wichtiger noch, auch imstande, das Unvorstellbare zu zeigen oder doch anzudeuten und den äußersten Schrecken zu vergegenwärtigen oder doch ahnen zu lassen, wenn nicht die Schriftsteller und die Dichter? Schon wahr, nur übersieht diese Gegenfrage das Risiko: Die Literatur über das Grausamste, das je geschehen, könnte das Grauen konsumierbar, ja geradezu genießbar machen, sie liefe Gefahr, den Bedarf des Publikums nach Grausamkeit zu befriedigen. Wird durch das schöne, das poetische Wort der Gegenstand, auf den es abzielt, beschönigt und vielleicht auch poetisiert?

Zum Herrlichsten, was unsere Dichtung nach 1945 hervorgebracht hat, gehören die Verse jenes rumänischen Juden, der in mehreren Sprachen aufgewachsen war, eine Zeitlang zwischen ihnen schwankte und der sich schließlich, einer jüdischen Tradition folgend, einer so schmerzhaften wie furchtbaren Tradition, für das Deutsche entschieden hat.

Er, Paul Celan, ist wohl der einzige Dichter unserer Epoche, den wir in die Nähe Hölderlins rücken dürfen, ohne deshalb eines Sakrilegs schuldig zu werden. Und ich wüßte kein Gedicht dieser Jahre zu nennen, das ich mehr bewundere als die *Todesfuge*. Doch der unübertroffene Wohlklang der Verse Celans beglückt und beunruhigt mich zugleich. Die »schwarze Milch der Frühe«, »dein goldenes Haar Margarete«, »dein aschenes Haar Sulamith«, der Mann, der befiehlt, »spielt auf nun zum Tanz«, der ruft, »spielt süßer den Tod« und »streicht dunkler die Geigen«, der Tod »ein Meister aus Deutschland«, der uns »ein Grab in den Lüften« schenkt: schön sind diese Worte, sehr schön – vielleicht gar zu schön, gar zu poetisch? Ich frage nur, aber ich wage nicht zu antworten.

Was benötigen wir? Ein lyrisches Bild, ein Gleichnis oder lieber doch ein Protokoll, kühl und nüchtern, einen Bericht, sachlich und trocken? Natürlich, eine so schroffe Alternative, die nur die extremen Ausdrucksmöglichkeiten ins Auge fassen will, ist falsch. Wenn man das Extreme darstellen will, da gerade können die Übergangsstufen, die Mischformen eher angemessen sein – und welche zu wählen sind, haben nicht die Theoretiker zu befinden, sondern die Praktiker, nicht die Philosophen, die Kritiker oder die Historiker, sondern die Lyriker, die Erzähler, die Dramatiker.

Ob sich Wolfgang Koeppen im Winter 1946/1947 Gedanken gemacht hat, wie man dem Unbegreiflichen, dem Unbeschreiblichen dennoch mit literarischen Mitteln beikommen könnte? Nein, ich kann es nicht recht glauben. Anderes nahm ihn ganz und gar in Anspruch: Er war nicht mehr jung, schon vierzig Jahre alt, er hatte nichts gelernt, es war nichts aus ihm geworden, es sei denn, vielleicht, ein deutscher Schriftsteller, ein erfolgloser freilich, dessen Bücher verhalten waren – im Lärm der mörderischen Waffen und Worte. Die Romane, die ihn berühmt machen sollten, hatte er noch nicht geschrieben.

Im Winter 1946/1947 also – es war ein Hungerwinter, es regierte der Schwarzmarkt und die Zigarette war die Währung – wollte Koeppen, was so schwierig war, er wollte, ähnlich wie im Krieg, überleben. Da meldete sich bei ihm ein Mann, den es, ebenso wie Koeppen, aus Berlin nach München verschlagen hatte und aus dem ebenfalls nichts geworden war, ein gewisser Herbert Kluger, der nun einen Beruf ergreifen wollte, der, wenn man es ernst meint, riskant ist und gefährlich. Verleger wollte er werden, und das erste Buch des künftigen Verlages erhoffte er sich vom darbenden, vom beinahe am Hungertuch nagenden Wolfgang Koeppen.

Die Geschichte eines Münchener Briefmarkenhändlers sollte er erzählen, eines Juden namens Jakob Littner, den man nach Polen und in die Ukraine verschleppt hatte und der dort unter schrecklichsten Umständen und auf unheimlich-abenteuerliche Weise davongekommen war. Man vereinbarte ein Honorar: zwei Carepakete monatlich wurden dem Autor versprochen. Er akzeptierte und machte sich rasch an die Arbeit.

Doch zu einem Treffen mit Littner kam es nicht – wohl deshalb nicht, weil dieser, wie die meisten Überlebenden, nicht darauf erpicht war, seine finsteren Erlebnisse auszubreiten, zumal er es eben erst getan hatte, nämlich im Gespräch mit seinem Verleger. Im übrigen war er damit beschäftigt, aus diesen Erlebnissen eine Lehre zu ziehen: Er bereitete seine Auswanderung nach Amerika vor. Aber Koeppen war offenbar nicht unglücklich, daß er sich damit zufriedengeben mußte, was ihm Kluger über diesen Littner mitgeteilt hatte. Daß er nur wenig erfahren konnte, gerade das stachelte seinen schriftstellerischen Ehrgeiz an: »Ich aß amerikanische Konserven« – berichtet Koeppen – »und schrieb die Leidensgeschichte eines deutschen Juden. Da wurde es meine Geschichte.« Das Buch erschien 1948, als Pseudonym wählte Koeppen den Namen des Mannes, dessen Weg er beschrieben hat: Jakob Littner.

Aber es ist etwas anderes geworden, als zunächst geplant war: Eine Passionsgeschichte sollte in der Sprache des Opfers und aus dessen Perspektive erzählt werden, nur was dieser Mann aus München wahrgenommen, gefühlt und gedacht hatte, sollte den Lesern mitgeteilt werden, nichts durfte über seinen, eher bescheidenen Horizont hinausgehen. Doch sind es meist die schwächeren Schriftsteller, die sich damit begnügen, ihren ursprünglichen Plan zu verwirklichen, nur sie folgen streng den Regeln, für die sie sich am Anfang entschieden haben. Andere Autoren – und es sind allemal die originelleren – nehmen zwar ihre eigenen Absichten ernst, aber während der Arbeit wandeln sie sich, sie sehen, sie erkennen, was sie nie gewußt, was sie kaum geahnt haben. Ihre Bücher mögen uneinheitlich sein und bisweilen widerspruchsvoll, doch oft sind es eben die Brüche, ja die Widersprüche, denen sie ihre Glaubwürdigkeit verdanken, die zu ihrer Überzeugungskraft beitragen.

Auch in Koeppens Buch, betitelt *Jakob Littners Auf-*

zeichnungen aus einem Erdloch,[1] fallen viele Brüche
und Sprünge auf, die Qualitätsschwankungen sind nicht
zu übersehen, von Perfektion kann keine Rede sein.
Simple und anspruchsvolle Abschnitte lösen einander
ab, der schlichte Bericht geht unversehens in poetische
Passagen über, auf nahezu epische Schilderungen folgen karge Auskünfte, plötzlich wird die Perspektive ge-
wechselt, die Darstellung ergänzen Briefe, die der Autor
nicht gefunden, sondern wahrscheinlich erfunden hat.
Das Ganze hat er wohl rasch geschrieben. Also Schwächen und Makel, also Schönheitsfehler? Wenn es solche sind, so stören sie überhaupt nicht, im Gegenteil,
es fragt sich, ob eine perfekte Prosa, was immer eine
solche Bezeichnung meinen sollte, dem Gegenstand angemessen wäre. Dieses Buch läßt sich weder als Tat-
sachenbericht noch als Kunstwerk erschöpfend charak-
terisieren, weil es beides in einem ist.

Über den wirklichen Jakob Littner, der 1883 geboren
wurde und einen Laden am Stachus hatte, wissen wir
nur wenig. Aber wir kennen ihn genau, richtiger: wir
kennen das Bild, das sich Koeppen von ihm gemacht
hat. Ein Deutscher ist dieser Briefmarkenhändler, ein
Bayer, ein Münchener. 1933 muß er erfahren, daß er
auch noch ein Jude sei, schlimmer: »der Jude«. Das hat
für Littner zweierlei Folgen: Er wird zum Opfer behörd-
licher Maßnahmen und antisemitischer Willkür. Und er
gerät unvermeidbar in eine Identitätskrise. Denn mit
der jüdischen Gemeinschaft hat er seit seiner Kindheit
nichts zu tun, und von seinen Freunden und Bekannten,
die allesamt Nichtjuden und keineswegs böse Menschen

sind, wird er jetzt gerade noch geduldet, mehr oder weniger freundlich.

1938 erreicht seine Verwirrung einen neuen Höhepunkt: Da sein Vater aus einem Ort stammte, der bis zum Ersten Weltkrieg zu Österreich gehörte, dann aber zu Polen, muß Littner zur Kenntnis nehmen, daß er auch noch ein Pole sei – wobei er freilich nie in Polen war und kein Wort Polnisch spricht. Es bleibt ihm unbegreiflich, warum ihm so arg mitgespielt wird, da er sich doch keiner Schuld bewußt ist.

Koeppen hat sich von seinen frühen Jahren an als ein Außenseiter verstanden, als ein Verstoßener. In einem späteren Buch, dem Fragment *Jugend*, bekannte er sich zum Trotz des Einsamen, des Isolierten: »Ich ging absichtlich gebeugt. Ich wünschte mir einen Buckel. Ich wollte ausgestoßen sein.« So vermochte er Jakob Littners Situation nachzuempfinden, ja er konnte seine eigene Problematik in das Porträt des Münchener Briefmarkenhändlers projizieren, ohne die Plausibilität dieser Figur zu mindern. Der Jude zur Zeit des »Dritten Reichs«, er, den er sagen läßt »Ich wollte allein sein, ein Ausgestoßener«, wird Koeppens Wahlverwandter.

Doch bald sind für Littner Erwägungen über seine Identität – nach einem schönen Wort der Juden – bloß noch »seidene Zores«, Luxussorgen also. Zusammen mit vielen Leidensgenossen wird er deportiert: »Wir fuhren in einem Polizeizug. Wir fuhren durch Deutschland. Wir fuhren zwei Tage. Wir fuhren Tag und Nacht. Mal fuhr der Zug schnell, mal fuhr er langsam, mal hielt er stundenlang. Er fuhr nach keinem Fahrplan, oder er

fuhr nach einem Fahrplan, den keiner von uns kannte.«
Und wo immer sie anlangen – sie sind Fremde, die man
als lästig empfindet. Die Polen wollen von ihnen nichts
wissen, und die Juden haben schon Kummer genug, der
Krieg bricht aus, es kommen die Deutschen – und wohin
sie auch kommen, erst einmal suchen sie die Juden.

Ist es die Wehrmacht, die da einmarschiert oder sind
es jene finsteren Einheiten, die man nur mit Buchsta-
ben kennzeichnet? Das wissen die Juden nicht, das ist
ihnen auch gleichgültig. Denn die Deutschen, sie mor-
den alle. Haben sie denn – fragen sich die Juden – den
Krieg vom Zaune gebrochen, um sie, die Juden überall
ausfindig zu machen und zu töten? Noch weiß niemand,
daß in den letzten Monaten, den letzten Wochen des
Krieges der Führer der Deutschen sich weigern wird,
Waggons zur Verfügung zu stellen, um Tausende, Zehntausende deutscher Soldaten zu retten, er braucht die
Waggons, um die Juden zu den Gaskammern zu bringen; der Tod der Juden war ihm wichtiger als das Leben
der Deutschen.

Vorerst haben die Juden in dem trostlosen ukraini-
schen Ort, wohin es Jakob Littner verschlagen hat, noch
Illusionen. Die Soldaten, hoffen sie, werden eines Tages
abgezogen werden – und dann werde die deutsche Verwaltung nachrücken, dann, meinen die Juden, die immer noch und trotz allem an die deutsche Ordnung
glauben, werde es gewiß viel Bürokratie geben, aber
keine Willkür mehr und keine Anarchie.

Doch die da kommen, sind kleine Leute aus kleinen
Städten, die selber schon viel gelitten haben, die unter-

drückt und mißhandelt wurden und die sich jetzt am Leben rächen wollen, sie, die Gescheiterten und Benachteiligten, sie können nun anderen antun, was sie wollen – nämlich den Juden, den Geächteten, den Vogelfreien. Kein Recht schützt sie, doch an Bestimmungen und Verordnungen der Behörden mangelt es nicht.

Jeder Jude muß eine Armbinde mit dem Davidstern tragen und zwar auf dem rechten Arm. Das ist falsch – brüllen die Wachtposten und schießen, erst einmal in die Luft. Andere Juden werden verprügelt, weil sie die Binde auf dem linken Arm tragen. Es gibt zwei Anordnungen, die sich widersprechen, die deutschen Wachtposten sind wirklich ratlos und tun, was ihnen kein Vorgesetzter verübelt – sie erschießen einige Juden.

Auch wird befohlen, jeder Jude habe jeden deutschen Soldaten zu grüßen, das wissen aber nicht alle Juden und nicht alle Soldaten – und so werden abwechselnd jene bestraft, die grüßen und jene, die nicht grüßen – und oft gibt es nur *eine* Strafe, den Tod, und nur einen Richter, der zugleich der Henker ist, ein neunzehnjähriger Bursche aus Pommern oder Bayern, der die Volksschule nicht geschafft hat, jetzt aber »Herr Wachtmeister« angeredet wird.

Mitten in diesem Chaos, inmitten von Sadismus und Bestialität, glauben die Juden an ein Wundermittel, das ihnen vielleicht doch die Rettung bringen könnte. Dieses Mittel, zu dem sie greifen wie ein Ertrinkender zum Strohhalm, ist das Wort, das deutsche Wort. Man kämpft im Ghetto um Ausweise, um amtliche Papiere mit einem Stempel. Wir sind, lesen wir in Koeppens Buch,

»von dem Stempel wie fasziniert und erwarten das Heil von ihm«. Der Glückliche, der einen solchen Ausweis für viel Geld erworben hat, er fühlt sich jetzt etwas sicherer, er zeigt das kostbare Dokument dem deutschen Wachtposten, doch dieser würdigt das Papier keines Blickes, er wirft es verächtlich in den Dreck der Straße und brüllt etwas, was der Jude, der in Lemberg zur Schule gegangen ist und der noch heute *Die Glocke* auswendig kann, überhaupt nicht versteht: Der Soldat in deutscher Uniform spricht kein Wort deutsch, er redet lettisch oder litauisch, man weiß es nicht genau.

Was war stärker – die Angst oder der Hunger? In Koeppens Buch berichtet Jakob Littner: »Trifft man eine Bäuerin mit Milch im Ghetto an, wird ihr die Milch, die sie zu ihrem Vorteil mit uns tauschen wollte, auf die Straße geschüttet. Ich habe mit meinem Besen viele solche Milchlachen aufgekehrt. Ich gestehe, ich war in Versuchung, sie aufzulecken.« Im Warschauer Ghetto gab es einen Fall des Kannibalismus. Der Judenrat hat es vor der Bevölkerung verheimlicht, doch sofort den deutschen Behörden gemeldet. Was versprach man sich davon? Etwa eine Besserung der Verhältnisse im Ghetto? Die deutschen Behörden haben auf diese Mitteilung nicht reagiert.

Und doch: Schrecklicher als der Hunger war die ständige Angst vor dem Tod, und schrecklicher als die Todesangst war die dauernde, die stets brutale und oft raffinierte Demütigung. Körperliche Leiden hinterlassen körperliche Schäden; mitunter sind sie heilbar. Seelische Leiden hinterlassen seelische Schäden und Deformationen, sie sind oft unheilbar. Wer zufällig verschont wurde, während man die Seinen gemordet hat, kann nicht in Frieden mit sich selber leben. Wer aufs Äußerste gedemütigt wurde, bleibt für immer ein Gezeichneter und meist auch ein Getriebener.

Als 1951 Koeppens Buch *Tauben im Gras* erschien, beschwerten sich Leser, von denen er bisher nichts gewußt hatte, er habe ihre persönlichen Erlebnisse ohne Genehmigung dargestellt. Solche Briefe wird Koeppen jetzt von jenen erhalten, die, zum Tode verurteilt, gleichwohl überlebt haben. Nur werden es keine Beschwerden sein, sondern Dankbriefe.

1992

DER DICHTER UNSERER NIEDERLAGEN

Glücklich war er wohl nie. Von Anfang an gehörte Wolfgang Koeppen, der am 15. März 1996 in München gestorben ist, zu den Verstrickten und den Verzweifelten, bald schon zu den Strauchelnden und den immer wieder Stürzenden. Ein Opfer seiner Zeit? Gewiß, auch das, doch vor allem war er ein Sorgenkind des Daseins. Er selber jedenfalls machte sich in dieser Hinsicht nichts vor: Sein Leben habe er, schrieb er 1981 in einem Brief, »vertan« und »verspielt«.[1]

Besser als andere sah er das Mißverhältnis zwischen dem, was er gewollt, und dem, was er erreicht hatte. Genauer: zwischen dem, was er hätte leisten können und vielleicht auch müssen, und dem, was von ihm in seinem langen Leben tatsächlich geleistet wurde. Im Laufe der Zeit hat man Koeppen, allerdings erst in seinen späteren Jahren, mit vielen Preisen geehrt. Er nahm sie allesamt dankbar an, aber beirren konnten sie ihn nicht. Das Bewußtsein, versagt zu haben, verließ ihn nie. In einem seiner Briefe heißt es: »Ich mag mich nicht. Ich meine da alle meine Texte... Ich sehe mich, töricht und mit dem Leben spielend, auf Eisschollen balancieren in der Drift der Mündung eines großen Flusses.«[2] Ja, Koeppen hielt sich für einen gescheiterten Schriftsteller.

Woran war er denn gescheitert? Die Qualitäten seiner Prosa brauchen die höchsten Vergleiche nicht zu scheuen: Er schrieb ein Deutsch von wunderbarer Mu-

sikalität und Suggestivität. Seine volltönenden Sätze erinnern bisweilen an Katarakte, die er zu Kaskaden von
unnachahmlicher Kraft und Schönheit zu formen vermochte. Er war, wie kein anderer unter unseren Zeitgenossen, ein erotischer Erzähler. Sinnlich in höchstem
Maße ist Koeppens Sprache, erotisch seine hämmernde
und doch zarte Diktion. In ihrem unverwechselbaren
Rhythmus hören wir den »drängenden Atem der Liebenden«.

Nicht nur seine Romane und Geschichten stammen
aus der Feder eines Erzählers, sondern alles, was er
geschrieben hat – also auch seine Reiseberichte und
Skizzen, seine Porträts und Rezensionen. Noch seine
journalistischen Nebenarbeiten haben die Aura der
künstlerischen Prosa. Denn Koeppen verband ein er-
staunliches Gespür für das Klima und den Pulsschlag
einer Epoche mit der Fähigkeit, dieses Klima fühlbar
und diesen Pulsschlag vernehmbar zu machen. Und
ihm fehlte es weder an Phantasie noch an Menschen-
kenntnis. Er beherrschte die Kunst der eindringlichen
und niemals aufdringlichen Vergegenwärtigung. Was
könnte man mehr von einem Schriftsteller erwarten?

Aber reich gesegnet mit allen denkbaren Gaben,
mit einem einzigartigen Talent, war Koeppen zugleich
mit einer fatalen Willensschwäche geschlagen, mit einer schwer zu bekämpfenden Neigung zur Trägheit und
zur Lethargie. Er konnte alles – nur nicht mit seinem
Pfunde wuchern. Es ist kaum zu glauben: Dieser Autor,
der beinahe sein ganzes Leben lang den Beruf eines
freien Schriftstellers ausgeübt hat, der nichts war – nur

ein Dichter, der wahrscheinlich an nichts glaubte – nur an die Literatur, las zwar unaufhörlich alte und neue Bücher, Zeitungen und Zeitschriften, schrieb jedoch selten und sehr ungern, wenn nicht widerwillig.

Die Zusammenarbeit mit ihm erforderte viel Geduld und war bisweilen geradezu qualvoll. Die Verleger und Redakteure, die sein Talent erkannten, hörten nicht auf, ihn zu bitten und zu mahnen, zu bedrängen und zu warnen. Aber der freundliche und liebenswürdige Mann war offenbar nicht imstande, ein Versprechen oder gar einen Termin einzuhalten. Die in den siebziger Jahren entstandenen Essays seines Buches *Die elenden Skribenten* (1981) mußten ihm ausnahmslos alle mit verzweifelten Telegrammen und alarmierenden Telefonanrufen abgezwungen werden. Trotz allem aber umfaßt die 1986 erschienene sechsbändige Ausgabe seiner *Gesammelten Werke* über 2800 Seiten.

Auffallend lange hat Koeppen die bitteren Erfahrungen seiner frühen Jahre verschwiegen. Erst in der Prosadichtung *Jugend* (1976) erteilte er Auskunft über die Kränkungen und Verletzungen, die seine Person und sein Werk geprägt haben. Er wurde 1906 in Greifswald geboren – als ein uneheliches Kind. Sein Vater hat sich nie um ihn gekümmert. Natürlich war es ein Unglück, im Kaiserreich, überdies in einer kleinen Provinzstadt, als ein uneheliches Kind aufzuwachsen – und doppelt unglücklich war, wer auch noch im Elend leben mußte.

Der Halbwüchsige empfand es als demütigend, daß er sich in regelmäßigen Abständen im Vormundschaftsgericht melden mußte: »Ich suchte eine Tür und meinte

einen Ausweg. Ich war angezeigt worden, von wem, von
jedermann, keiner Tat bezichtigt.« *Jugend*, dieses vollendete Fragment, das ist vor allem die Geschichte eines
jungen Menschen, der nicht dazugehören darf und der
aus lauter Trotz nie wieder dazugehören will. Er flüchtet sich in den Stolz auf seine Andersartigkeit: »Ich ging
absichtlich gebeugt. Ich wünschte mir einen Buckel. Ich
wollte ausgestoßen sein.«

Dies ist denn auch die Grundsituation der Epik Wolfgang Koeppens: In seinen fünf Romanen erzählt er von
Menschen, die vor vielen Türen stehen, doch keinen
Ausweg finden und im Grunde auch keinen Ausweg
suchen. Wie Josef K. in Kafkas *Prozeß* sind sie angeklagt
oder glauben, es zu sein, ohne zu wissen, was ihnen
vorgeworfen wird. Sie sehen sich von einer Welt umgeben, die ihnen sinnlos und rätselhaft erscheint und die
sie als feindlich empfinden.

Immer galt Koeppens Liebe den Nichtdazugehörenden, den Einzelgängern, die überall fremd sind, den
Benachteiligten und den Besiegten. So wurde er zum
poetischen Sachwalter aller Minderheiten, zum Dichter
der Verfolgten und der Gezeichneten. Er hatte eine
Schwäche für alle, die sich nach den Grenzbezirken
des menschlichen Daseins sehnten, die dem Sog der
Abgründe nicht widerstehen konnten. Über Chamisso
schrieb er: »Es war ein Angsttraum, in dem er lebte,
fatal und schön, im Gefühl, ausgestoßen und zugleich
erwählt zu sein.«[3] Koeppen feierte die Elite der Ausgestoßenen, die »Bruderschaft der gestürzten Engel«. Wie
er sich insgeheim selber zu dieser Elite zählte, so fühlte

er sich den Untüchtigen verwandt, jenen, die mit dem Dasein nicht zu Rande kamen.

Aber Koeppen hat Glück gehabt: Auf allen Abschnitten seines Lebens fand er Menschen, die ihm halfen und ihn, dies vor allem, finanzierten. Zunächst sollte er Buchhändler werden, dann riß er aus und war eine Weile Schiffskoch, später ging er zum Theater in Würzburg – als Hilfsdramaturg und Regieassistent. Auch daraus wurde nichts. Er begann für Zeitungen zu arbeiten, war Redakteur im Feuilleton des *Berliner Börsen-Couriers* und lernte den Verleger Bruno Cassirer kennen, der ihm, als der *Börsen-Courier* Ende 1933 einging, einen reichlichen Vorschuß gab.

Denn Koeppen wollte keine Stellung annehmen, vielmehr einen Roman schreiben. Dies aber, erklärte er, könne er nur in Italien tun. Er reiste bis nach Sizilien, und als sein Geld verbraucht war, bat er den Verleger telegraphisch um einen weiteren Vorschuß, erhielt ihn und kehrte schließlich nach Berlin zurück, ohne auch nur eine einzige Seite mitgebracht zu haben. Aber dann, noch im Jahre 1934, verfaßte er sehr rasch und nicht eben freiwillig den versprochenen Roman doch: *Eine unglückliche Liebe.* Es ist in dieser erotischen Geschichte viel von Leidenschaft und Begierde die Rede, vom »tollen Besitzwunsch«, es dominieren indes Enttäuschung und Entsagung, der junge Mann im Mittelpunkt, ein »Amokläufer der Liebe«, geht leer aus, der letzte Satz lautet: »Es hatte sich nichts geändert.«

Kaum war das Buch erschienen, da ging Koeppen nach Holland, schrieb dort für den im »Dritten Reich«

noch zugelassenen jüdischen Verlag Bruno Cassirer einen weiteren Roman: *Die Mauer schwankt* (1935). In diesem Buch versuchte er, das Seinige zu sagen, ohne den Auftraggeber zu gefährden. Das konnte nicht gelingen. Bei Freunden aus Berlin, nunmehr Emigranten, fand er Unterkunft und Hilfe und blieb daher in Holland, wo er, von niemandem bedrängt, keine Zeile mehr zustande brachte. Ende 1938 trieb ihn die Not nach Deutschland zurück. Einige Drehbücher, die er für die Ufa verfaßte, sicherten ihm, obwohl sie nie verfilmt wurden, den Lebensunterhalt. Seine wichtigste Leistung in jenen Jahren: Er überlebte den Krieg, ohne auch nur einen Tag Soldat zu sein.

In den Jahren nach 1945 widmete er mehr Zeit dem Schwarzmarkt als der Literatur. Erst 1951 entstand sein nächstes Buch, das ihm wieder einmal ein risikofreudiger Verleger (Henry Goverts) abgenötigt hatte: der Roman *Tauben im Gras*, der Höhepunkt im Werk Koeppens und einer der Höhepunkte der deutschen Epik nach dem Zweiten Weltkrieg. Erzählt werden hier die (keineswegs ungewöhnlichen) Erlebnisse vieler Menschen an einem einzigen Tag in einer einzigen Stadt – in dem von den Amerikanern besetzten München.

Das Buch, das aus Kurzszenen besteht und ein aus Mosaiksteinen zusammengesetztes Bild entwirft, hat damals viele Leser und auch manche Kritiker überfordert. Denn Koeppen knüpfte an Errungenschaften der modernen Prosa an, von denen man um 1950 hierzulande nicht viel wissen wollte. Die Montagetechnik und der filmhafte Bildwechsel, der Perspektivenwechsel und die Simultaneität, der sich assoziativ fortspinnende innere Monolog, die Technik der Slogans und der Schlagzeilen – das alles hat der Autor der *Tauben im Gras* nicht erfunden, aber er war der erste Schriftsteller, der diese Kunstmittel anwandte, um die deutsche Realität nach 1945 einzufangen und ihre Wahrheit anschaulich zu machen.

Schnell folgten zwei weitere, jeweils innerhalb von wenigen Wochen geschriebene Bücher: der in der Bundeshauptstadt Bonn spielende Roman *Das Treibhaus* (1953) und *Der Tod in Rom* (1954), eine Auseinandersetzung mit der bundesdeutschen Gegenwart und, vor allem, mit den Folgen des Nationalsozialismus. Gezeigt werden sie am Beispiel der Mentalität sehr unterschiedlicher Personen, die aus unterschiedlichen Gründen für wenige Tage nach Rom gekommen sind.

Diese drei Romane sind Studien der Angst. An ihr, der Lebensangst, leidend, versuchen Koeppens Figuren bei der Liebe Zuflucht zu finden. Doch das Glück der Liebe lernen sie nie kennen. Sie umarmen sich, aber es trennt sie immer eine »Wand aus dünnstem Glas, durchsichtig wie die Luft und vielleicht noch schärfer die Erscheinung des anderen wiedergebend«. Sie leben nicht miteinander, sie existieren nur nebeneinander.

Die intellektuellen Helden dieser Romane – der untüchtige und erfolglose Schriftsteller Philipp, der dem Publikum nichts mehr zu sagen hat, der Politiker Keetenheuve, ein Träumer und Spintisierer, ein »törichter Ritter gegen die Macht«, der Komponist Siegfried Pfaffrath, der sich der Sinnlosigkeit seiner Musik bewußt ist –, sie alle sind romantische Individualisten mit der Sehnsucht nach den Extremen, sie alle werden gedemütigt und besiegt. Zu schwach, um etwas zu erreichen und zu bewirken, sind sie immerhin stark genug, um sich der Gesellschaft und der Mode nicht zu unterwerfen und um ihre Eigenart zu bewahren.

Auch Koeppen selber war ein Kämpfer, und die dunkle Ahnung von der großen Vergeblichkeit hat ihn nie verlassen. Da seine Deutschland-Trilogie kühl aufgenommen und bisweilen sogar schroff abgelehnt wurde, folgte er gern der Einladung eines neuen Auftraggebers und Gönners: Von Alfred Andersch, der damals am Süddeutschen Rundfunk tätig war, inspiriert und unterstützt, wandte er sich der Reiseschilderung zu, der er zu neuem Glanz verhalf. Er schrieb poetische Rapporte auf der Suche nach dem verlorenen Ich. Sie sind in drei Bänden gesammelt, von denen der erste, *Nach Rußland und anderswohin*, 1958, der bedeutendste ist.

Auf den wiederholt angekündigten neuen Koeppen-Roman haben seine Leser vergeblich gewartet. Wer weiß, ob sie ihm nicht dankbar sein sollten, daß er ihnen jene schwachen oder sogar peinlich mißratenen Romane erspart hat, mit denen die prominentesten seiner Kollegen im vorgerückten Alter ihre Verehrer in Verlegenheit gebracht haben. Aber geschwiegen hat er nicht. Seine Kunst triumphierte in dem Prosastück *Jugend*, in dem die Realien die Qualität poetischer Symbole gewinnen und die poetischen Symbole die Gegenwärtigkeit der greifbaren Realität haben. Hier und in den Porträts, die in dem Band *Die elenden Skribenten* zusammengefaßt sind, werden aus seinen Berichten gleichsam unterderhand Geschichten, aus seinen Geschichten poetische Visionen. Auch was der alte Koeppen erzählte, geriet ihm, ob er es wollte oder nicht, zum Gleichnis.

Nicht ein dichtender Denker war er, sondern ein nachdenklicher Dichter. Ihn hat nicht die Philosophie interessiert, wohl aber die Kunst fasziniert. Grau war ihm alle Theorie, das Abstrakte mochte er nicht: Seine Wahrheit hatte ihren Ursprung im Konkreten und bewährte sich am Konkreten. Er hat nie für eine Ideologie, für ein politisches Programm plädiert, die Erziehbarkeit des Menschen hielt er für eine Illusion, an den Fortschritt hat er nie geglaubt. Und so hat er niemanden belehren wollen, wie man das Leben bestehen soll. Aber er hat seine Ratlosigkeit virtuos artikuliert, er hat wie kein anderer die Rolle der Intellektuellen in unserer Nachkriegswelt gezeigt – in ihrer ganzen Fragwürdigkeit, um nicht zu sagen: in ihrer Jämmerlichkeit.

Natürlich sind alle seine Bücher gesellschaftskritisch, doch nicht gegen eine Gesellschaftsordnung protestierte er, sondern gegen die Existenz schlechthin. Die Engel, die jene erlösen können, die immer strebend sich bemühen, kannte er nicht. Sein Werk sei, meinte er, »weniger der Versuch eines Dialoges mit der Welt als eines Monologs gegen die Welt«[4]. Die Definition trifft schon zu, verschweigt allerdings die Antinomie, die ein Grundzug seines Wesens war. Die Welt fliehend, träumte er von der Liebe, an der Welt leidend, gierte er nach dem Leben.

Um das Dasein zu ertragen (»Wir sind von Anbeginn verurteilt«), suchte er, der Einsame, Schutz im Rausch. Er gehörte zu jenen, die auf den Genuß angewiesen waren, er war ein elegischer, ein schwermütiger Epikureer. Daß er im Alter, als er kaum noch arbeiten konnte, nicht zu darben brauchte, verdankte er, verdanken wir alle seinem Freund, der ihn jahrelang großzügig finanzierte: dem Verleger Siegfried Unseld.

Nie war es Koeppen gelungen, einen Bestseller zu schreiben, auch als er längst die höchsten Literaturpreise erhalten hatte, blieb er paradoxerweise nahezu ein Geheimtip. Vielleicht hat das auch damit zu tun, daß er unerbittlich und unversöhnlich war, daß er seinen Lesern nichts vormachte und nichts ersparte: Wolfgang Koeppen war der Dichter unserer Niederlagen und unseres Scheiterns.

1996

NACHWORT

Was wird denn von seinem Werk bleiben? Das ist die Frage, mit der man in der Regel nach dem Tod eines großen Schriftstellers die Kritiker und die Journalisten bedrängt. Und die meisten sind leichtsinnig genug, die Antwort nicht zu verweigern: Sie nennen einige Titel. Aber im Grunde sind alle diese Antworten belanglos: Was von den Befragten erwartet wird, sind sie überhaupt nicht imstande zu leisten.

Gewiß können sie sagen, welches Buch des verstorbenen Autors sie für besonders schön halten, welchem sie eine besondere Bedeutung beimessen. Doch ob es sich als beständig oder gar unverwüstlich erweisen werde, ist niemals voraussehbar. Denn dies hängt nicht nur von seiner Qualität und seiner Originalität ab, vielmehr von dem Ergebnis einer Konfrontation – und zwar eben dieses Werkes mit der Welt, wie sie in dreißig oder fünfzig Jahren sein wird. Indes haben uns die Erfahrungen (zumal unseres Jahrhunderts) gelehrt, daß es müßig ist, die Entwicklung der Welt voraussagen zu wollen. Daher veralten von allen in ihrer Zeit erfolgreichen Romanen am schnellsten die Zukunftsromane.

Und Wolfgang Koeppen? Ich bewundere sein Meisterwerk *Tauben im Gras*, ich schätze nach wie vor seinen Roman *Ein Tod in Rom*, ich liebe das Fragment *Jugend* und auch mehrere seiner Schriftsteller-Porträts. Aber welche seiner Bücher von den nachkommenden Generationen gelesen werden, weiß ich nicht; und es ist, meine ich, nicht unsere Sache, uns darüber Gedanken zu machen. Ungleich wichtiger ist es, daß wir, die Zeitgenossen Koeppens, diese vom Geist unserer Epoche geprägten Bücher lesen und – man fürchte das Tätigkeitswort nicht – genießen.

Koeppen war ein sonderbarer und widerspruchsvoller Mensch, ein Skeptiker und ein Melancholiker, am Schreibtisch beredt, in der Unterhaltung eher gehemmt, nicht selten schweigsam. Aber ein Kostverächter war er nie. Ganz im Gegenteil: Er war ein Genießer, ein unermüdlicher und leidenschaftlicher Genießer. Vielleicht war diese auffallende Genußsucht, von der nahezu jede Seite seiner Prosa rühmlich zeugt, eine Reaktion auf die vielen Entbehrungen in seinen frühen Jahren.

Meine Beschäftigung mit Koeppens Werk begann in den fünfziger Jahren und reicht bis zu seinem Tod am 15. März 1996. Von den in dieser Zeit entstandenen Artikeln und Rundfunksendungen bietet der vorliegende Band eine Auswahl: Es sind Reden und Rezensionen, ein Essay und eine Polemik, ein Nachwort und schließlich ein Nachruf, insgesamt zehn Arbeiten. Sie wurden aus aktuellen Anlässen geschrieben – Auskünfte hierüber sind in den Anmerkungen zu finden. Alle waren sie für jene bestimmt, die von Koeppen noch wenig oder nichts wußten, und alle sollten zugleich für jene lesenswert sein, die längst zu seinen Bewunderern gehörten. Es ging darum, die einen nicht zu überfordern und die anderen nicht zu unterschätzen.

Literaturkritik ist immer zeitbedingt. Das gilt natürlich auch für die hier vereinten Aufsätze. Es hätte nicht viel Mühe bereitet, sie zu redigieren und zu bearbeiten, eventuell auch zu ergänzen. Doch fürchte ich, daß die nachträglichen Änderungen, welcher Art auch immer, verfälschen würden, was sich in der ursprünglichen Fassung verantworten sollte. Anders ausgedrückt: Diese Arbeiten, die auch als Dokumente des literarischen Lebens in der Bundesrepublik verstanden werden können, sollten nicht ihrer Authentizität beraubt werden. Das freilich hat zur Folge, daß sich gelegentliche Wiederholungen und Überschneidungen nicht vermeiden ließen. Doch ist es, so will mir scheinen, kein Zufall, daß bestimmte Informationen, Formulierungen und Zitate mehrfach vorkommen, ja dies mag sogar aufschlußreich sein.

Am Ende habe ich zu danken – ihm, Wolfgang Koeppen, dessen Werk ich ein Leben lang begleiten durfte.

Frankfurt am Main,   Marcel Reich-Ranicki
im Juli 1996

ANHANG

Nachweise und Anmerkungen

EIN UNGEWÖHNLICHER FALL

Zuerst unter dem Titel *Der Fall Wolfgang Koeppen. Ein Lehrbeispiel dafür, wie man in Deutschland mit Talenten umgeht* in: *Die Zeit* vom 8. September 1961.

1 Virginia Woolf: *Granit und Regenbogen, Essays.* Suhrkamp Verlag, Frankfurt/M. 1960, S. 32.

2 Zitiert nach: Virginia Woolf. A. a. O., S. 28.

3 Die Rezension von Herbert Ihering erschien im *Berliner Tageblatt* vom 11. November 1934, die von Erich Franzen in der *Frankfurter Zeitung* vom 10. Februar 1935.

4 Die Rezension stammt von Hans Schwab-Felisch und ist im *Monat*, 1952, Heft 40, gedruckt.

5 Karl Korns Rezension erschien in der *Frankfurter Allgemeinen Zeitung* vom 7. November 1953.

6 Die Rezension von Pul Hühnerfeld erschien in der *Zeit* vom 4. November 1954.

7 Die Rezension von Walter Jens erschien in der *Zeit* vom 8. Mai 1958, die von Hans Magnus Enzensberger in den *Neuen deutschen Heften*, 1958, Heft 59.

8 Karl Korns Besprechung findet sich in der *Frankfurter Allgemeinen Zeitung* vom 28. Juni 1958.

DER POET ALS ZEUGE

Zuerst in: Marcel Reich-Ranicki, *Deutsche Literatur in West und Ost. Prosa seit 1945*, R. Piper & Co. Verlag, München 1963, S. 34–54.

1 Wolfgang Koeppen: *New York* (mit einem autobiographischen Nachwort), Stuttgart 1961, S. 65.
2 Alfred Döblin *Die Zeitlupe – Kleine Prosa* (aus dem Nachlaß zusammengestellt v. W. Muschg), Olten-Freiburg i. B. 1962, S. 149 f.
3 Horst Bienek *Werkstattgespräche mit Schriftstellern*, München 1962, S. 50.
4 Alfred Andersch *Choreographie des politischen Augenblicks*, in: ›Texte und Zeichen‹, Heft 2 (1955), S. 256.
5 Bienek, a. a. O., S. 54.

KRÜMEL VON SEINEM TISCH

Zuerst in: *Die Zeit* vom 27. April 1973.

1 Der Beitrag stammt von Christian Linder und findet sich in: *Akzente*, 1972, Heft 1.
2 Wolfgang Koeppen: *Romanisches Café*. Erzählende Prosa. suhrkamp taschenbuch 71, Suhrkamp Verlag, Frankfurt/M. 1973.
3 *Deutsche Erzähler der Gegenwart. Eine Anthologie.* Herausgegeben von Willi Fehse. Stuttgart 1959.
4 Dietrich Erlach: *Wolfgang Koeppen als zeitkritischer Erzähler.* Studia Germanistica Upsaliensia Band 11. Stockholm 1973.

WAHRHEIT, WEIL DICHTUNG

Zuerst in: *Frankfurter Allgemeine Zeitung* vom 20. November 1976.

1 Wolfgang Koeppen: *Jugend.* Bibliothek Suhrkamp 500, Suhrkamp Verlag, Frankfurt/M. 1976.
2 Heinz Ludwig Arnold: *Gespräche mit Schriftstellern.* Verlag C. H. Beck, München 1975, S. 129.
3 Bei Friedrich Schlegel heißt es:»Der Historiker ist ein rückwärts gekehrter Prophet.« (Athenäums-Fragmente.)
4 Heinz Ludwig Arnold: *Gespräche mit Schriftstellern.* A. a. O., S. 131.

GEMEIN MIT JEDERMANNS

Nachwort zu Wolfgang Koeppens Buch *Die elenden Skribenten. Aufsätze.* Herausgegeben von Marcel Reich-Ranicki. Suhrkamp Verlag, Frankfurt/M. 1981.

1 *Wolfgang Koeppen: Gesammelte Werke in sechs Bänden.* Herausgegeben von Marcel Reich-Ranicki in Zusammenarbeit mit Dagmar von Briel und Hans-Ulrich Treichel. Band 6: Rezensionen und Essays. Suhrkamp Verlag, Frankfurt/M. 1986, S. 121.
2 Ebenda S. 81.
3 Ebenda S. 97.

DER DICHTER DER AGGRESSIVEN RESIGNATION

Rede zur Eröffnung der Wolfgang-Koeppen-Ausstel-
lung der Stadt- und Universitätsbibliothek Frankfurt am
Main. – Zuerst in: *Literatur und Kritik*, Heft 173/174,
April/Mai 1983.
1 Johann Wolfgang Goethe: *Artemis-Gedenkausgabe*,
  Band 10, S. 312.
2 Wolfgang Koeppen: *Die elenden Skribenten*, A. a. O.,
  S. 295.
3 Ebenda S. 274.

DER SPRECHER ALLER MINDERHEITEN

Rede auf einer Feier der Bayerischen Akademie der
Künste zu Ehren des achtzigsten Geburtstag von Wolfgang Koeppen. Zuerst gedruckt in: *Frankfurter Allgemeine Zeitung* vom 21. Juni 1986.
1 *Wolfgang Koeppen: Gesammelte Werke in sechs Bänden.* Herausgegeben von Marcel Reich-Ranicki in
  Zusammenarbeit mit Dagmar von Briel und Hans-
  Ulrich Treichel. Band 6: Rezensionen und Essays.
  Suhrkamp Verlag, Frankfurt/M. 1986, S. 286.
2 Ebenda S. 87.
3 Ebenda S. 108.
4 Ebenda S. 283.
5 Ebenda S. 102.

DER EMPFINDSAME ASPHALTLITERAT

Rede zu Wolfgang Koeppens 85. Geburtstag, gehalten im Münchner Rathaus. Zuerst gedruckt in: *Frankfurter Allgemeine Zeitung* vom 14. September 1991.

1 Tworczosc, Warschau 1957/7.
2 Bertolt Brecht: *Große kommentierte Berliner und Frankfurter Ausgabe.* Herausgegeben von Werner Hecht, Jan Knopf, Werner Mittenzwei, Klaus-Detlef Müller. Band 22, Schriften 2, Teil I, S. 36.
3 Wolfgang Koeppen: *Gesammelte Werke in sechs Bänden.* A. a. O., Band 6, S. 178.
4 Wolfgang Koeppen: *Gesammelte Werke in sechs Bänden.* A. a. O., Band 5, S. 259.

PASSIONSGESCHICHTE EINES BRIEFMARKENHÄNDLERS

Rede anläßlich der Vorstellung des Buches *Jakob Littners Aufzeichnungen aus einem Erdloch* von Wolfgang Koeppen, gehalten im Jüdischen Gemeindezentrum in Frankfurt am Main. Zuerst gedruckt in: *Frankfurter Allgemeine Zeitung* vom 24. Februar 1992.

1 *Wolfgang Koeppen: Jakob Littners Aufzeichnungen aus einem Erdloch.* Jüdischer Verlag, Frankfurt am Main 1992.

DER DICHTER UNSERER NIEDERLAGEN

Zuerst in: *Frankfurter Allgemeine Zeitung* vom 16. März 1996.

1 *»Lieber Marcel.«* Briefe an Reich-Ranicki herausgegeben von Jochen Hieber. Deutsche Verlags-Anstalt, Stuttgart 1995, S. 166.
2 Ebenda S. 167.
3 Wolfgang Koeppen: *Gesammelte Werke in sechs Bänden.* A. a. O., S. 81.
4 Heinz Ludwig Arnold: *Gespräche mit Schriftstellern.* A. a. O., S. 138.

ANHANG

Zu den Fotografien

Das Umschlagbild, das Frontispiz, das Bild mit den
Mülltonnen sowie die letzte Fotografie des Bildteils sind
in München im November 1986 entstanden. Die Auf-
nahme im Arbeitszimmer stammt aus dem Jahr 1982,
die Fotografie mit Marcel Reich-Ranicki entstand 1979
anläßlich der Verleihung des Erich-Kästner-Preises an
Peter Rühmkorf in München.

Zeittafel

1906	Geboren in Greifswald am 23. 6. Nach einer Zeit der Arbeitslosigkeit Schiffskoch, Fabrikarbeiter, Platzanweiser im Kino und Eisproduzent in St. Pauli. Artikel für *Die Rote Fahne* und *Vorwärts*. Dramaturg und Regievolontär in Würzburg, Beziehungen zum Kollektiv der Piscator-Bühne.
1931	Feste Anstellung beim *Berliner Börsen-Courier*.
1933	Erhält von Bruno Cassirer einen Vorschuß auf einen Roman, reist nach Sizilien.
1934	*Eine unglückliche Liebe.* Roman.
1935	*Die Mauer schwankt.* Roman. Lehnt ein Angebot der *Berliner Zeitung* ab und emigriert nach Holland.
1938	Kehrt Ende des Jahres nach Deutschland zurück und schreibt in den folgenden Jahren Drehbücher für die Ufa, keines wurde realisiert.
1945	Wird von Berlin nach München verschlagen.
1948	Jakob Littner: *Aufzeichnungen aus einem Erdloch.* 1992 unter der Autorschaft Koeppens wiederveröffentlicht: *Jakob Littners Aufzeichnungen aus einem Erdloch.*
1951	*Tauben im Gras.* Roman.
1953	*Das Treibhaus.* Roman.

1954	*Der Tod in Rom*. Roman.
1958	*Nach Rußland und anderswohin. Empfindsame Reisen*.
1959	*Amerikafahrt*. Reisebuch.
1961	*Reisen nach Frankreich*.

1961 Preis des Kulturkreises im Bundesverband der Deutschen Industrie.
Förderpreis der Landeshauptstadt München.

1962 Georg-Büchner-Preis.

1965 Preis der Bayerischen Akademie der Schönen Künste.

1967 Immermann-Preis.
Preis für die Dichtung der Stiftung zur Förderung des Schrifttums.

1971 Andreas-Gryphius-Preis.

1972 *Romanisches Café*. Erzählende Prosa.

1974 Stadtschreiber von Bergen-Enkheim.

1976 *Jugend*.

1977 Hauptstipendium des Europa-Forums für Literatur an der Friedrich-Schiller-Stiftung.

1981 *Die elenden Skribenten*. Aufsätze. Hg. von Marcel Reich-Ranicki.

1982/83 Poetik-Dozentur in Frankfurt/M., Münchner Kulturpreis.

1984 Arno-Schmidt-Preis.

1986 *Gesammelte Werke in sechs Bänden*. Hg. von Marcel Reich-Ranicki in Zusammenarbeit mit Dagmar von Briel und Hans-Ulrich Treichel.
Pommerscher Kulturpreis für Kunst.

1987	*Angst.* Erzählende Prosa.
	Morgenrot. Anfänge eines Romans.
1990	Ehrendoktorwürde der Ernst-Moritz-Arndt-Universität Greifswald.
1991	*Es war einmal in Masuren.*
1996	Stirbt nach langer Krankheit am 15. 3.

Über den Autor

Marcel Reich-Ranicki, geboren 1920 in Wloclawek an der Weichsel, ist in Berlin aufgewachsen. Er war von 1960 bis 1973 ständiger Literaturkritiker der Wochenzeitung *Die Zeit* und leitete von 1973 bis 1988 in der *Frankfurter Allgemeinen Zeitung* die Redaktion für Literatur und literarisches Leben. In den Jahren 1968/69 lehrte er an amerikanischen Universitäten, von 1971 bis 1975 war er ständiger Gastprofessor für Neue Deutsche Literatur an den Universitäten von Stockholm und Uppsala, seit 1974 ist er Honorarprofessor an der Universität Tübingen, in den Jahren 1991/92 bekleidete er die Heinrich-Heine-Gastprofessur an der Universität Düsseldorf.

Reich-Ranicki erhielt zahlreiche Auszeichnungen, unter anderem: die Ehrendoktorwürde der Universität Uppsala (1972), den Ricarda-Huch-Preis (1981), den Thomas-Mann-Preis (1987), den Bayerischen Fernsehpreis (1991), die Ehrendoktorwürde der Universität Augsburg (1992) und der Universität Bamberg (1992) sowie den Ludwig-Börne-Preis (1995).

Veröffentlichungen u. a.: *Deutsche Literatur in West und Ost* (1963/1983), *Über Ruhestörer. Juden in der deutschen Literatur* (1973/1989), *Nachprüfung, Aufsätze über deutsche Schriftsteller von gestern* (1977/1980/1990), *Thomas Mann und die Seinen* (1987), *Ohne Rabatt. Über Literatur aus der DDR* (1991), *Der doppelte Boden* (1992), *Günter Grass* (1992), *Die Anwälte der Literatur* (1994), *Martin Walser* (1994), *Vladimir Nabokov* (1995) und *Ungeheuer oben. Über Bertolt Brecht* (1996).